두 발로
중앙아시아 4개국 여행

두 발로 중앙아시아 4개국 여행

초판 1쇄 발행 2025년 4월 7일
2쇄 발행 2025년 5월 28일

지은이 위전환, 임귀옥
펴낸이 장길수
펴낸곳 지식과감성˚
출판등록 제2012-000081호

교정 이주연
디자인 이현, 강샛별
편집 강샛별
검수 정은솔, 이현
마케팅 김윤길

주소 서울시 금천구 벚꽃로298 대륭포스트타워6차 1212호
전화 070-4651-3730~4
팩스 070-4325-7006
이메일 ksbookup@naver.com
홈페이지 www.knsbookup.com

ISBN 979-11-392-2505-1(03910)
값 25,000원

- 이 책의 판권은 지은이에게 있습니다.
- 이 책 내용의 전부 또는 일부를 재사용하려면 반드시 지은이의 서면 동의를 받아야 합니다.
- 잘못된 책은 구입하신 곳에서 바꾸어 드립니다.

지식과감성˚
홈페이지 바로가기

두 발로
중앙아시아 4개국 여행

위전환 · 임귀옥 지음

우즈베키스탄, 타지키스탄, 키르기스스탄,
카자흐스탄 그리고 파미르고원

들어가며

"행복을 찾는 일이 우리의 삶을 지배한다면, 여행이란 그 일의 역동성을 어떤 활동보다도 풍부하게 해 준다."라고 『여행의 기술』의 저자 알랭 드 보통은 말했다. 그의 말처럼 여행이란 행복을 보다 역동적으로 만들어 내는 일인 것 같다.

얼마 전 키르기스스탄을 다녀온 지인에게서 "중앙아시아에는 아름다운 나라가 많다."라는 말을 들었다. 그때까지 중앙아시아에 대해 전혀 알지 못했던 나는 중앙아시아에 대해 관심을 갖기 시작했다. 그 이후 중앙아시아 여행을 계획해 오다가, 2024년 7월 11일부터 8월 12일까지 33일간, 중앙아시아 4개국을 여행할 기회를 얻었다.

중앙아시아는 아시아의 핵심 지역 중 하나로, 아시아와 유럽을 이어 주는 실크로드의 중심이기도 하다. 얼마 전까지만 해도 우리에게는 미지의 세계였던 중앙아시아, 이곳을 오가는 항공로가 개통되면서 이제 중앙아시아는 우리 곁으로 다가왔다. 보통 중앙아시아 하면 우즈베키스탄, 타지키스탄, 키르기스스탄, 카자흐스탄, 투르크메니스탄 5개국을 말하나 개인적인 사정으로 투르크메니스탄 여행은 이루어지지 못했고, 우즈베키스탄, 타지키스탄(파미르고원), 키르기스스탄, 카자흐스탄 4개국을 여행했다.

그 옛날 실크로드의 흔적이 여전히 남아 있는 아름다운 고성 히바, 부하라, 사마르칸트, 세계의 지붕이라 불리며 시시각각 근사한 장관이 펼쳐지는 파미르고원 길, 대자연이 만들어 낸 예술 작품 레닌봉과 알라콜 패스 등은 아직까지 눈에 선한 환상적인 풍경들이다.

실제 여행을 하고 돌아와 보니, 중앙아시아 자유여행뿐 아니라 여행 계획을 세우는 많은 사람들에게 이 나라들에 대한 자세한 여행 정보가 필요하겠다는 생각이 들었다. 그래서 중앙아시아 여행을 꿈꾸는 사람들에게 참고가 되고, 실제로 여행하는 데 필요한 팁들을 모아 꼼꼼히 정리해 보았다.

혹자는 중앙아시아를 '동양의 알프스'라고 한다. 그만큼 중앙아시아가 아름답다는 말일 것이다. 스위스의 알프스처럼 아름다운 중앙아시아 여행을 꿈꾸는 많은 여행자들은 아름다운 대자연 속에서의 자기 자신을 만나고, 그 꿈을 실현시키기 위해 중앙아시아로 향한다. 중앙아시아의 대자연 속에서 만들어질 여행자들의 '시간의 한 점'은 때론 지치고 낙심하는 현실의 삶 속에서 다시금 살아가고자 하는 힘이 될 수 있을 것이다. 이 순간 이 책과 함께 '시간의 한 점'을 만들어 가고 있을 당신과 중앙아시아 그리고 저자와의 인연은 지금부터 시작될 것이다.

이 책이 나오기까지 감사드릴 분이 참 많다. 33일간 함께 여행하며 중앙아시아 여행의 희로애락을 함께했던 청주산벗산악회 권오길 회장님과 명산산악회 김승각 회장님, 좋은 사진을 공유해 주신 권태식 선생님, 막막한 중앙아시아 여행길에서 밝은 등불이 되어 주었던 한국어 여행 가이드 아믹과 졸도쉬(길동무), 우즈베키스탄 타슈켄트 여행에서 많은 도움을 주었던 코아투어 대표 신현권 사장님. 여행길에서 만났던 많은 사람들, 책이 나오기까지 밤낮으로 애써 주신 지식과감성# 출판사 장길수 대표님과 관계자분들께 특히 감사를 드린다. 여행 내내 곁에서 매 순간순간 여행의 버팀목이 되어 주었던 아내에게도 고마움을 전한다.

마지막으로, 이 책을 읽고 자유여행을 하고 싶어도 막연한 두려움 때문에 겁부터 났던 사람들이 가벼운 마음으로 여행길에 올랐으면 좋겠다. 시간이 부족하다면 우즈베키스탄의 히바, 부하라만이라도 여행할 기회를 갖기를 권한다. 그들에게 나의 생생한 여행 경험과 정보가 담긴 이 책이 좋은 길잡이가 되기를 바란다.

추천사

당신들 아름다운 지구 여행을 축복합니다 _나태주(시인)

　사람이 살아가면서 가장 즐겁고 감사하고 의미 있는 시간은 언제일까요? 모르면 몰라도 여행이 그 가운데 한 가지일 것입니다. 여행이야말로 지루한 인생 가운데 활력을 주는 절호의 기회이며 인생의 터닝 포인트를 제공하기도 하기에 그럴 것입니다.

　실상 여행은 여러 가지 조건을 요구합니다. 흔히 말하듯 돈과 건강과 시간이 필요하지요. 그 세 가지는 인생의 가장 중요한 재화이기도 한데 그걸 들여서 여행을 한다? 그만큼 소득이 있고 필요가 있어서 여행을 감행하게 될 것입니다.

　무엇보다도 여행은 지루한 일상의 삶으로부터 우리를 분리하여 낯설고 새로운 삶을 바라보게 합니다. 그러면서 삶의 주인공에서 삶의 관찰자가 되어 다른 사람들의 삶을 건너다보기도 하고 그 결과로 하여 자신의 삶을 새롭게 들여다보게도 합니다.

　그리하여 우리의 지루하고 따분한 일상의 삶은 다시 한번 싱싱해지고 팽팽해지며 새로운 삶으로 바뀝니다. 매우 건강한 인생 학습이 되는 것이지요. 그러기에 내가 가 보지 못한 곳을 갔다 온 사람, 선행(先行) 여행자에게는 부러움이 따르는 것이지요.

　여기 한없이 부러운 한 여행자와 그 여행자의 기록이 있습니다. 위전환 선생님의 《두 발로 중앙아시아 4개국 여행》. 그야말로 말로만 듣던 중앙아시아이고 그곳에 있는 나라들에 대한 여행 기록입니다. 우즈베키스탄, 타지키스탄(파미르고원), 키르기스스탄, 카자흐스탄에 대한 기록.

어쩜 이런 나라에 갈 수 있었을까? 내가 알기로는 위전환 선생님은 오랫동안 교직에 봉직하다가 퇴임한 분으로 문화나 예술에 관심이 많은 분입니다. 아마도 교직에서도 물러나고 인생에서도 이제 후반부에 이르니 새로운 인생을 꿈꾸고 싶었나 봅니다.

그랬기에 그분에게 그런 용기가 생겼고 또 사모님인 임귀옥 선생님 또한 동행을 감행했을 것입니다. 책을 읽어 보시면 알겠지만 매우 섬세하고 꼼꼼한 여행의 기록입니다. 누군가 이 책을 들고 저자가 다녀온 나라를 되짚어가더라도 매우 편안하게 찾아갈 수 있는 안내서입니다.

여기서도 저자의 성품과 특성이 잘 나타납니다. 첫째는 교직에 오래 있었다는 것. 둘째는 예술이나 문화에 관심이 많고 식견이 높다는 것. 그러므로 이러한 책은 저자 본인에게만 의미 있는 책이 아니라 독자들에게도 수월찮게 의미 있는 책이 될 것입니다.

나 역시 말로만 들어보았지 가 보지 않은 중앙아시아의 여러 나라들. 스위스의 알프스처럼 아름답다고 사람들이 입을 모아 칭송하는 중앙아시아. 기회가 된다면 이 책을 꼼꼼히 읽고 이 책을 지팡이 삼아 한 번쯤 다녀오고 싶다는 생각을 해 봅니다.

위전환 선생님 그리고 임귀옥 선생님, 당신들 손잡고 떠난 중앙아시아 여행을 축복합니다. 아닙니다. 다시금 돌아와 이렇게 아름다운 여행 보고서, 인생 보고서를 남길 수 있음을 축복합니다. 더 나아가 당신들 멀리서 보기 참 아름다운 지구 여행을 축복합니다. 앞으로도 내내 그 자리에서 건안하시길 빕니다.

차례

들어가며   4

추천사   8
당신들 아름다운 지구 여행을 축복합니다 _나태주(시인)

---

1. 중앙아시아 여행의 시작, 우즈베키스탄 타슈켄트(Tashkent)

1day 우즈베키스탄의 수도 타슈켄트에서의 첫날   24

타슈켄트 공항, 환전과 유심 그리고 얀덱스 고 택시
아미르 티무르 광장, 박물관(Amir Temur Square, Museum)
쉐더버 가든 레스토랑(Shedervr Garden Restaurant)

2day 끝없이 넓고 깨끗한 도시, 타슈켄트   31

타슈켄트 외곽 택시 드라이브
배쉬 코즌 쁠롭 센터(Besh Qozon Plov Center)
타슈켄트 TV 타워
하즈라티 이맘 광장, 모스크(Khazrati Imam Square, Mosque)
초르수 바자르(Chorsu Bazaar)

3day 미지의 도시에서의 하루   40

타슈켄트 지하철 여행
베루니 바자르(Beruni Bazaar)
타슈켄트 시티 투어
연인들의 거리 브로드웨이(Broadway)
예약은 더 꼼꼼히

2. 말라 버린 바다
무이나크(Moynaq)

4day 말라 버린 바다로의 여행　　　　　　　　　　48

무이나크로 가는 길
사막이 된 바다, 아랄해(Aral Sea)
누쿠스(Nukus)의 부자 '무하마드 알리'
한국 음식점 '소나타'와 호텔비 환불

3. 실크로드의 오아시스
히바(Khiva)

5day 쉬고 싶은 도시, 고성 히바　　　　　　　　　60

히바성 둘러보기
히바의 중심 이찬 칼라(Itchan Kala)
오리엔트 스타 히바 호텔(Orient star khiva hotel)
칼타 미노르 미나렛(Kalta Minor Minaret)
테라싸 카페 앤 레스토랑(Terrassa cafe & Restaurant)
주마 모스크(Juma Mosque)
히바의 랜드마크 이슬람 호자 미나렛(Islom Xo'ja minorasi)
이찬 칼라 성 뜨개질의 달인
디샨 칼라(Dechan Kala)

4. 도시 전체가 박물관
부하라(Bukhara)

6day 힐링이 필요하면 찾아가야 할 도시 부하라　　　　　　76
부하라로 가는 길
라비하우스(Lyabi House) 레스토랑
라비하우스(Lyabi House)와 호자 나스레딘

7day 아름답고 예쁜 도시 부하라　　　　　　83
새색시같이 예쁜 탑 초르 미노르(Chor Minor)
칼론 미나렛(Kalon Minaret, Mosque),
미르 이 아랍 마드라사(Mir-i-Arab Madrasah)
부하라의 성 아르크(Bukhara Ark Citadel)
초르 바크르(Chor Bakr)
쿠켈다쉬 마드라사(Kukeldash Madrasah)
여름 궁전 시토라이 모히호사(Sitorai Mokhi Khosa)
사마르칸트행 고속 전철
호텔 니소(Hotel Niso)와 레스토랑 샤슬릭우즈(Shashlikuz)

5. 실크로드의 중심지 사마르칸트

8day 한여름의 사마르칸트 여행   98

구르 아미르(Gur-e Amir Timur)
중앙아시아의 타지마할 레기스탄(Registan)
비비하눔 모스크(Bibi Khanym Mosque)와 시욥 바자르(Siyob Bazaar)
아프로시압 박물관
울루그 베그 천문대
살아 있는 왕의 무덤 '샤히진다(Shah-i-Zinda)'
양고기샤슬릭 레스토랑 'LABI G'OR'
코니길(Koni Ghil) 제지 공장

9day 파미르고원의 출발지, 두샨베 가는 길   114

타지키스탄으로 가는 국경
멀고도 험한 여행, 두샨베로 가는 길
분수가 아름다운 오페라 하우스
사르비아 꽃밭 루다키 공원(Rudaki Park)
다소 불편하지만 호사스러운 옐로우 호스텔(Yellow Hostel)

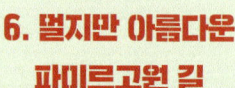

6. 멀지만 아름다운 파미르고원 길

10day '바미두냐'로 가는 아름답고 뜨거운 길   124

두샨베 맛집 한국 음식점 '마싯따'
맛있는 빵 '난'을 만드는 두샨베 빵집
두샨베에서의 우연한 인연
고성 히소르(Khisor)
파미르고원 통행증
파미르고원 여름 과일의 명물, 수박
파미르고원으로 가는 길
길이 막혀도 여유로운 타지키스탄 사람들

11day 타미르고원의 오아시스 호로그   133

타지키스탄의 오지 루샨(Rushan)
끝이 없는 돌길, 지제브 트레킹
고원의 오아시스 호로그(Khorog)

12day 실크로드 시대에 번성했던 상인들의 길   140

폭포수가 만들어 내는 비비 파티마 온천(Bibi Fatima Hot Spring)
이슬람의 성지 카카하(Kah-Kakha)와 얌춘(Yamchun)
좁은 협곡 이쉬카심 가는 길
이쉬카심에서 랑가르까지
파미르의 중심 랑가르에서 숙소 잡는 법

13day 외계 혹성 같은 도시 무르갑   **151**

랑가르에서 알리추르로 가는 길
마을 수호신 마르코 폴로 양 뿔
경관이 아름다운 작은 마을 알리추르
황량하고 척박한 땅, 무르갑

14day 세상에서 가장 아름다운 국경 키질아트 보더(Kyzylart Border)   **161**

환상의 고개, 해발 4,665m 아크바이탈
하늘에 매달린 호수 카라콜(Karakul)
아름다운 국경 키질아트 보더
겸손을 갖춘 마을 사리모골(Sary-Mogol)
철학이 담긴 모자 '아크 칼팍(Ak-Kalpak)'

15day 만년설에 둘러싸인 이슬람의 성지 오시(Osh)   **172**

설산이 예쁜 레닌봉
여행 중에 가장 중요한 건 '배려'
키르기스스탄 제2의 도시 오시
이슬람의 성지 술라이만산(Sulayman Mountain)

7. 중앙아시아의 알프스, 키르기스스탄(Kyrgyzstan)

16day 비단 생산의 중심지 오시(Osh) — 182

3,000년의 역사를 가진 오시 바자르(Osh Bazaar)
아름다운 청년 바쿠시

17day 키르기스스탄의 최대 도시 비슈케크(Bishkek) — 185

비슈케크에 있는 오시 바자르(Osh Bazaar)
알마티(Almaty)로 가는 국제 버스
승리의 광장
알라투 광장(Ala-too Square)

18day 석양이 아름다운 호수 송쿨(Song Kul) — 194

미나렛 부라나 타워(Burana tower)
멍때리기 좋은 호수, 송쿨(Song Kul)
해외여행 시 가장 중요한 것 세 가지

19day 이식쿨(Issyk kul)의 숨은 보석 보콘바예보(Bokonbayevo) — 200

그림 같은 작은 마을 바르스콘
이식쿨 근처에서의 치맥

20day 키르기스스탄의 알프스 카라콜(KaraKul) 204

둔간 모스크(Dungan Mosque)
성 삼위일체 대성당(Holy Trinity Cathedral)
외계 행성 같은 협곡, 스카즈카(Skazka)
카라콜의 미인 콕자익 계곡(Kok Jaiyk Valley)
일곱 마리 황소를 닮은 제티 오구스(Jety-Oguz)
음악이 흥겨운 카라콜 맛집, 카페 사이말루(Cafe Saymaluu)

21day 알틴아라산행 지프차는 블랙홀 212

알틴아라샨으로 가는 길
알틴아라샨 온천 지구(캠프촌)
알틴아라샨 앙아루트 초원 지대

22day 설산 아래 은은한 옥빛 호수 알라콜 219

해발 3,990m 알라콜 호수 트레킹

8. 대자연 속 예쁜 진주
콜사이 호수 국립 공원

23day 카자흐스탄의 숨은 보석 사티(Saty)   228

차량이 진풍경을 만드는 국경
세계 지도가 예쁜 숙소 알가도스(Algados)

24day 자연이 만들어 내는 비경 콜사이 국립 공원(Kolsai national Park)   234

카인디 호수(Kaindy Lake)
콜사이 호수(Kolsai Lake)
블랙 캐니언(Black Canyon)
차른 캐니언(Charyn Canyon)
작은 마을 바이셋에서의 양고기샤슬릭
창문도 에어컨도 없는 알마티 게스트 하우스

9. 카자흐스탄의 심장
알마티(Almaty)

25day 알마티의 명소 침블락(Shymbulak)과 빅 알마티(Big Almaty) 호수   243

침블락(Shymbulak)
알마티의 랜드마크 빅 알마티 호수(Big Almaty Lake)

26day 꼭 가 봐야 할 알마티의 명소들　　　　　　　　　　　　　　　247

카자흐스탄의 남산 타워 '콕토베(Kok Tobe)'
녹색 시장이라 불리는 알마티 중앙 시장 젤리니 바자르(Zeleny Bazaar)
판필로프 공원과 러시아 정교회 젠코프 대성당
카자흐스탄 민속 악기 박물관
알마티 정통 샤슬릭집 스마일(SMILE)

27day 고려인 강제 이주의 슬픈 역사　　　　　　　　　　　　　　　253

실크로드의 땅 중앙아시아
러시아 강제 이주민 고려인

28day 맛있는 여행 카자흐스탄　　　　　　　　　　　　　　　　　261

카자흐의 전통 고기 요리 베쉬바르막(Beshbarmak of Kazakh Meat)
쿠르닥(Kuyrdak)
바우르삭(Baursak)
카린 콤베(Karyn Kombe)
쿠미스(Kumys)
라그만(Ragman)
삼사(Samsa)와 만티(Manti)
샤슬릭(Shashlik)

29day 알마티의 공원(Almaty Parks)과 황금 인간　　　　　　　　　267

대통령 공원(Park of the First President)
판필로프 거리(Panfilov Street)
이식 쿠르간 박물관(Issyk-Kurgan Museum)

10. Again Tashkent

30day 아름다운 야경과 분수 쇼가 어우러진 매직 파크(Magic Park)   274

분수 쇼가 아름다운 '서울문'
야경 속에 피어나는 밤의 여왕 매직 파크(Magic Park)

31day 야경 속에 피어나는 타슈켄트 시티 파크 분수 쇼   277

빵 굽는 청년 압드락몽
민주 평통 평화 포럼 인터네셔널 호텔
밤에 피는 분수 쇼의 명소, 타슈겐트 시티 파크(Tashkent City Park)
한국 음식점 '다코야 치킨'

32day 타슈켄트 또 하나의 명소 침간산   281

철마다 아름다운 침간산
침간산의 친구 차르박 호수
고려인 식당 '만남(Mannam)'과 국시

33day 중앙아시아 여행의 뒤안길, 타슈켄트에서의 하루   285

미라바드 바자르(Mirabad Bazaar)
여행의 마무리 타이 마사지
우즈베키스탄 한국어 교육의 산실 '세종학당'

□ 도움이 되는 중앙아시아 4개국 기본 정보　　　　　　　　291
□ 2024 중앙아시아 4개국 여행 일정　　　　　　　　　　　298
□ 기본 준비물 및 배낭에 넣을 것　　　　　　　　　　　　300
□ 알짜 정보 여행 Tip　　　　　　　　　　　　　　　　　301

독자 리뷰　　　　　　　　　　　　　　　　　　　　**323**

우즈베키스탄 |
Tashkent

타슈켄트는 우즈베키스탄의 수도이며
중앙아시아 여행의 출발점이다.
다양한 여행 포인트가 마음에 드는 곳이다.

1. 중앙아시아 여행의 시작, 우즈베키스탄 타슈켄트(Tashkent)

> **1day** 우즈베키스탄의 수도 타슈켄트에서의 첫날

  중앙아시아 4개국(우즈베키스탄, 타지키스탄, 키르기스스탄, 카자흐스탄) 여행을 위해서 인천 공항으로 출발한 우리가 탄 HY514편 비행기는 정확히 7시간 후 우즈베키스탄의 수도 타슈켄트 T2공항에 도착했다. 날씨는 맑고 아름다웠으나 한여름이라 몹시 뜨겁다. 하늘에서 처음으로 내려다본 타슈켄트는 수많은 집들이 잘 정돈되어 있는데 고층 건물은 별로 눈에 띄지 않았다.

  비행기에서 내려 이미그레이션 쪽으로 걷다 보면 가장 먼저 들어오는 문구가 있다. '잘 다녀오십시오'라는 한글 문구다. 그것도 정면 가운데 제

일 위에 써져 있다. 낯선 땅에서 만나는 우리 인사말이 무척 반갑다.

우즈베키스탄 사람들은 한국인에 대한 호감도가 매우 높다. 이들은 국민의 30%가 한국말을 조금은 알아듣는다고 한다. 첫발을 내디딘 공항에서 우리가 한국인임을 알아보고 '안녕하세요?'라며 인사를 건네는 사람도 있다. 우즈베키스탄 정부는 관광을 위해 입국하는 한국 국민에게 30일 무비자 입국을 적용하고 있다.

타슈켄트 T2공항에는 배기지 클레임(Baggage Claim)이 네 곳이 있는데 같은 시간대에 도착한 비행기에서 내린 짐이 한 레인에서 나온다. 더군다나 여름 휴가철이라 한국과 러시아에서 일하는 우즈베키스탄 사람들이 가지고 들어오는 짐들로 가득하다 보니, 우리의 배낭은 감감무소식이다. 무려 한 시간이 지나고 나서야 가까스로 찾을 수 있었다. 다음부턴 배낭의 무게를 더 줄이고 기내에 들고 들어가야겠다.

타슈켄트 공항, 환전과 유심 그리고 얀덱스 고 택시

타슈켄트 T2 공항은 무척 깨끗하다. 먼저 시내로 이동하기 위해서는 환전이 필요하다. 우즈베키스탄 화폐 단위는 숨(Sum, UZS)이다. 2024년 7월 기준으로 환차손을 고려했을 때 우리 돈 1,000원은 12,000숨이며 비자나 마스터카드로 ATM기에서 뽑아 쓰거나 달러를 가지고 가서 환전하면 된다. 환전소는 입국 심사대를 나오면 바로 왼쪽에 있다. 나는 달러를 가지고 갔기 때문에 숨으로 환전해야 했다. 오늘의 환율은 1달러당 12,670숨이다. 100달러를 환전하니 1,267,000숨으로 바꿔 준다. 우즈베크 화폐 단위는 20만, 10만, 5만, 2만, 1만, 5천, 2천, 1천 숨 단위로 구성되어 있다. 10만 숨권으로 바꾸니 120만 숨도 지폐 12장이다.

환전을 했으니, 다음으로 중요한 건 유심을 사서 휴대폰에 갈아 끼우는 일이다. 공항 안에 유심을 파는 곳이 있다. 이곳에선 유심을 사면 이곳 전화번호 한 개를 부여해 준다. 1개월 40GB에 5만 5천 숨(한화 약 5천5백 원)이다. 무척 싼값으로 유심을 구입했다.

공항에서 할 일을 마친 우리는 공항 밖으로 나갔다. 공항 밖으로 나오니 햇살은 따갑고 날씨는 무척 뜨겁다. 햇살이 한증막에 들어온 것처럼 덥지만 한국에서처럼 덥다는 생각은 들지 않았다. 이곳은 비가 내리지 않는 건기라서 그럴 것이다.

여행 중에 늘 만나는 풍경이지만 이곳에서도 공항 밖을 나오면 관광객을 태워 가려는 택시 기사들로 붐빈다. 제1의 목적지 타슈켄트에 도착했으니, 다음은 숙소로 가야 한다. 택시를 타고 예약한 호텔로 가려고 했다. 우즈베키스탄에는 정식 택시도 있지만, 자가용으로 택시 영업을 하는 사람도 많다. 영업용 택시를 이용하려면 얀덱스 고(Yandex Go) 앱을 활용해야 값도 싸고 편리하다. 이곳에도 어김없이 택시 호객이 시작된다. 우리가 정한 숙소까지는 택시로 20분 거리에 있다. 택시 기사들은 20불, 10불, 5불 부르는 게 값이다. 이곳에 오기 전에 얀덱스 앱을 이용하면 우리의 숙소까지 2만 2천 숨(한화 약 2천8백 원)이면 된다는 정보를 들었던지라, 2불을 외쳤지만, 택시 기사들은 아랑곳하지 않고 5불, 10불을 요구한다.

우리는 얀덱스 고 택시를 어떻게 이용하는지 몰랐다. 택시를 타기 위해서 차도 쪽으로 걷고 있는데, 한국말이 능숙한 아가씨가 말을 걸어왔다. 무척 반가운 일이다. 이 아가씨에게 얀덱스 고 택시를 불러 달라고 부탁했고, 그가 베풀어 준 친절 덕택으로 얀덱스 고 택시를 타고 숙소에 도착할 수 있었다. 요금은 1만 5천 숨(한화 1천5백 원)이다. 정말 값이 싸다. 알고 보니 얀덱스 고 택시는 우리나라 카카오택시처럼 택시 앱을 이용해 누구나 쉽게 부르고 탈 수 있는 좋은 교통 시스템이었다. 이곳에선 흥정 필요 없이 얀덱스 고 택시를 이용하면 언제 어디서나 이동이 편리하다.

아미르 티무르 광장, 박물관(Amir Temur Square, Museum)

*아미르 티무르 동상

아미르 티무르 광장과 박물관은 우즈베키스탄 호텔 바로 앞에 있다. 1991년 우즈베키스탄 정부는 러시아로부터 독립한 우즈베키스탄을 자랑스러운 나라로 만들기 위하여 많은 사업을 벌였다. 그 첫 번째 일이 우즈베키스탄을 위해 중요한 역할을 한 역사적 인물을 찾아내서 문화적 유산을 부흥시키고, 국민들의 마음을 한곳으로 모으는 것이었다. 그중에 이 나라의 문화, 교육, 건축, 미술, 음악 그리고 시를 장려하여 티무르 문예 부흥의 토대를 마련했던 아미르 티무르(Amir Temur)가 선정되었고, 그때부터 국민들은 그를 추앙하기 시작했다. 이후 1996년을 '아미르 티무르의 해'로 선언했고, 타슈켄트 중심에 티무르의 역사를 중심으로 아미르 티무르 박물관을 세웠다.

*아미르 티무르 박물관 전경

칭기즈 칸의 후예인 아미르 티무르는 14세기 120여 민족이 공존하는 중앙아시아의 다민족을 통일시켜 중앙아시아만의 민족을 중심으로 실크로드를 재건하였으며, 동서양의 선진 문명을 어우러지게 만든 영웅이다. 그의 위대한 업적과 정신을 기리기 위하여 아미르 티무르 광장이 만들어졌고, 광장에는 그의 동상이 위엄을 보이며 서 있다. 광장 옆에는 아미르 티무르 박물관도 자리하고 있다. 이곳에서 관광을 마친 우리는 저녁 식사를 하기 위해 식당을 찾아 나섰다.

쉐더버 가든 레스토랑(Shedervr Garden Restaurant)

얀덱스 고 택시를 타고 우리가 간 곳은 쉐더버 가든 레스토랑이다. 이 레스토랑은 우즈베키스탄 호텔에서 택시로 15분 거리(8665+ F85. Kizi. Guncha Street)에 있다. 야채와 고기로 유명한 레스토랑인데 분위기가 좋은 로컬 식당이라고 지인의 추천을 받아서 간 곳이다. 식당에 들어서면 캠핑을 온 것처럼 분위기가 좋고, 방갈로 안은 아늑했고, 큰 식탁이 하나씩 놓여 있었다.

메뉴를 보고 음식을 주문했다. 고기를 곁들인 샐러드와 가지 요리, 아이스티 그리고 양고기샤슬릭을 주문했다. 주문한 음식이 나오기 시작하는데, 양고기샤슬릭은 감감무소식이다. 이곳에는 일하는 종업원은 많은데 의사소통이 잘 안된다. 영어도, 한국어도 모두 안 된다. 오로지 우즈베크어와 러시아어만이 통용되는 곳이다. 음식이 나와서 한참 먹고 있는데 샐러드 4인분이 또 나온다. 정작 기다리는 샤슬릭은 소식도 없고…. 우리는 샐러드를 주문한 적이 없다고 해도 막무가내다. 값도 얼마 안 되고 해서 샐러드 값은 우리가 치르기로 하고, 샤슬릭을 기다리는데 주문한 지 30분이 지나고 40분이 지나가도 나올 기미가 보이지 않는다. 날은 점점 어두워지고 초행길이라 걱정이 앞선다. 그래서 Take Out으로 바꾸고 나오는데 그제야 주문한 샤슬릭이 나왔다. 샤슬릭 양을 보니 열 명이 먹어도 남을 정도다. 포장을 해 달라고 하고 계산서를 가져오게 했다. 이 식당에선 우리를 깜짝 놀라게 하는 일이 많이 생겼다.

하나는 종업원은 많은데 우리와 의사소통이 안 돼서 주문이 잘못 나온 것이고, 하나는 우리가 주문한 샤슬릭의 양이 엄청나게 많았다는 것이고, 더더욱 놀란 것은 샤슬릭의 양과 계산서에 적힌 숫자였다. 얼마였을까? 샤슬릭은 무려 큰 도시락 3개의 양이었고, 계산서에 적힌 금액은 내 평생 처음으로 만나는 숫자로 백만이 넘는 1,114,800숨(한화 약 12만 1,480원)이었다.

식당에서 나와 숙소로 가기 위해 얀덱스 고 택시를 탔다. 택시 기사는 잘생긴 청년이었다. 올해 19살이라고 한다. 작년에 운전면허를 따서 얀덱스 고 택시로 아르바이트를 하는 학생이었다. 상하이에서 유학 중인데, 잠시 집에 와 있는 동안 자동차로 알바를 한다는 것이다. 19살 된 학생이 택시 운전으로 알바를 한다는 것이 참 신기했다. 한국에서는 입시 준비에 정신이 없을 고3인데 말이다. 방금 전에 식당에서 받아 온 샤슬릭 한 팩을 그에게 줬더니 고맙다며 택시비를 받지 않으려고 한다. 그러면 안 된다고 여러 번 건넸으나 결국은 받지 않았다. 타슈켄트 첫 여행에서 우리는 아름다운 청년을 만났다.

여행 일정

▶ T1 인천 공항

▶ T2 타슈켄트 국제공항, 유심 교체, 환전

▶ 얀덱스 고 택시, Alliance Hotel

▶ 아미르 티무르 광장 & 박물관

▶ 쉐더버 가든 레스토랑

숙소: Alliance Hotel

2day 끝없이 넓고 깨끗한 도시, 타슈켄트

*타슈켄트 TV 타워에서 내려다본 타슈켄트 전경

타슈켄트 외곽 택시 드라이브

　Alliance 호텔을 나와 큰 거리 쪽으로 발걸음을 옮겼다. 가는 길엔 한국 음식점 간판도 보인다. 동태탕과 갈비탕이라는 글귀도 눈에 띈다.

이른 아침이라 차량도 많지 않고 거리도 깨끗하다. 오늘도 어김없이 얀덱스 고 택시 앱을 켜서 오늘의 목적지 타슈켄트 TV 타워를 입력했다. 5분 후 택시는 도착했고 우리 일행은 아무 의심 없이 목적지에 도착하기만을 기다렸다. 잠시 후 이상한 일이 벌어졌다. 택시를 탄 지 30분쯤 지났는데, 택시는 도시 외곽으로 달리고 있다. 도시 외곽도 무척 깔끔하고 시야가 확 트여 몹시 상쾌하다.

택시 기사는 영어도 한국어도 할 줄 모른다. 알아듣지 못하는 말만 계속해 댔다. 잠시 후 택시는 고속도로 위를 달렸다. 1시간쯤 지나 택시 기사에게 어디로 가느냐고 물어도 소통이 안 된다. 30분을 더 달려도 차는 외곽으로만 가고 있다. 설상가상으로 얀덱스 고 앱도 꺼져 버렸다. 도시 외곽이라서 인터넷 연결이 되지 않아서다. 나중에 알고 보니 나는 '타슈켄트 타워'로 가야 하는데, '타슈켄트 시티 투어'라고 얀덱스 고 앱에 입력했던 것이다. 택시 기사에게 "목적지까지는 얼마나 남았느냐?"라고 물었더니, 손가락 5개를 펴서 표시를 한다. 5분이냐고 되묻자, 5시간이라고 한다. '목적지까지 아직도 5시간이나 남았다고?' 이제야 무언가 잘못되었다고 직감한 우리는 택시를 돌려 다시 타슈켄트로 향했다. 타슈켄트 TV 타워 근처에 도착하자 오후 1시가 넘었다. 배가 고팠다. 잠시 후, 우리 일행은 가마솥 5개에 이곳 전통 음식 '쁠롭

(Plov)'을 만드는 '다섯 개의 밥솥(Besh Qozon Plov Center)'이라는 식당에 도착했다.

　택시 기사는 114만 숨을 요구했다. 바가지를 썼다고 생각하고, 한참 실랑이를 벌인 끝에 거금 80만 숨(한화 9만 6천 원)의 요금을 지불하고서야 택시에서 내렸다. 나중에 알고 보니 택시 기사가 터무니없는 가격을 제시하면 경찰을 부르겠다고 하거나 실제로 경찰을 부르면 된다고 한다. 아무튼 마음에도 없는 3시간 동안 마음에도 없는 아주 비싼 택시 드라이브를 한 셈이다. 오늘 오전 일정은 이렇게 마무리되었다.

배쉬 코즌 쁠롭 센터(Besh Qozon Plov Center)

　우즈베키스탄 여행을 계획하면서 제일 궁금했던 음식이 쁠롭(플로프: Plov)이었다. 「세계테마기행」이나 「걸어서 세계속으로」 등을 시청하면서 이 커다란 솥에서 만드는 쁠롭의 맛이 궁금해서 꼭 가 보려고 했던 맛집이다. 부엌으로 들어가자 뜨거운 열기로 가득했다. 부엌 중앙에는 한 번에 1만 명분의 밥을 만든다는 아주 큰 솥이 자리하고 있고, 그 주변에 4개의 작은 솥에서 여러 명의 요리사가 쁠롭을 만들고 있었다. 우리가 도착했을 땐 그 커다란 밥솥의 쁠롭이 다 팔리고 얼마 남지 않았다. 쁠롭은 보통 오전 10~11시에 엄청난 크기의 가마솥에 하나 가득 만들어 놓는데, 그게 모두 팔리면 그날은 먹을 수가 없다. 다행히도 우리는 먹을 복이 있었나 보다. 한 그릇에 3만 4천 숨(한화 약 3천6백 원)씩 하는데, 두 그릇을 주문했다. 생각보다 양이 많았기 때문이다.

　쁠롭은 우즈베키스탄을 대표하는 음식 중의 하나로 고기와 당근, 양파 등을 넣어 만든 볶음밥이다. 혹자는 기름이 흥건할 정도로 많아서 기름밥이라고 부르기도 한다. 약간 양고기 특유의 냄새가 난다. 기름기가 많아서 그냥 먹기에는 약간 느끼하다.

　두 접시의 쁠롭을 받아 들고, 레스토랑으로 갔다. 레스토랑은 세 곳으로 이루어져 있다. 야외에 두 곳, 실내에 한 곳. 실내로 들어서면 에어컨 바람이 나오고, 냉방이 잘 갖추어져 시원하다. 이곳엔 많은 사람들로 붐볐다. 이곳에서도 쁠롭을 주문할 수 있다. 우리는 추가로 오이와 고수를 곁들인 토마토샐러드를 주문했다. 우리 돈 1,700원 정도다. 이 식당의 유명세에 비해 가성비가 좋다. 식사를 하려고 앉아 있는데, 저만치 앉아 있던 젊고 예쁜 아가씨 두 명이 우리에게 관심을 보인다. 잠시 후 한 친구가 다가와 "어디에서 왔어요?"라고 묻길래 한국에서 왔다고 했더니, 무척 반긴다. 카자흐스탄에서 온 여행객이라며 사진을 함께 찍자고 한다. 이곳에서 여행을 하다 보면 한국인에게 관심을 갖는 외국인들이 많다. 우리나라에 대한 관심이 크다는 것을 알 수 있다. 무척 다행스럽고 고마운 일이다. 이런 만남이 있을 때마다 내가 한국인이라는 것이 자랑스러웠다.

타슈켄트 TV 타워

식사를 마치고 '타슈켄트 타워'로 향했다. 타워는 쁠롭 식당 바로 근처에 있었다. 걸어서 그쪽으로 가고 있는데, 한국에서 태권도를 배웠다는 우즈베크 청년이 말을 걸어왔다. 그가 아주 친절하게 길 안내를 해 줘서 타워까지 쉽게 도착할 수 있었다.

타워 이용 시간은 오후 2시부터다. 10분 전부터 매표가 시작되고, 입장을 한다. 세계 어느 곳에서나 만나는 불편한 통과 의례가 어김없이 여기에도 있다. 짐 검사다. 이런 의례가 없는 한국에서 태어나 살고 있어 참 감사하다. 타워의 높이는 350m, 16층인데, 6층이 전망대고 8층은 레스토랑이다. 엘리베이터를 타고 6층에 올랐다.

타워에서 내려다보이는 타슈켄트는 무척 넓고 한산하다. 높은 건물이 많지 않아서 멀리까지 잘 보인다. 도시가 무척 깨끗하게 잘 정돈되어 있어서 넓어 보이고, 공기도 상쾌하다. 기분이 참 좋다.

하즈라티 이맘 광장, 모스크(Khazrati Imam Square, Mosque)

하즈라티 이맘 광장에 왔다. 이곳은 타슈켄트에서 가장 큰 모스크이자, 역사 및 종교 복합 단지로 하스트 이맘의 일부라고 부른다. 타슈켄트를 상징하는 명소 중의 한 곳이기도 하다. 여행 중 가끔 비현실처럼 느껴지는 장소에 실제 발을 들이면 현실이 되는 짜릿한 순간이 오는데…. 이곳에선 그런 느낌이 든다.

*하즈라티 이맘 광장

16~20세기에 걸쳐 세워진 역사적 건축물로 유명한 기념물이자, 종교 중심지인 하즈라티 이맘 광장은 천 년 이상 우즈베키스탄에서 이슬람 문화 중심지로 명성을 떨쳤다. 타슈켄트 구시가지에 자리한 광장은 '위대한 이맘'이라는 표현처럼 크고 웅장했다. 날씨는 뜨겁지만, 넓은 광장은 한산하고 조용하다. 이곳엔 이슬람 문화의 계몽주의자였던 카팔리 알 샤시(Kaffali Al Shashi)가 묻혀 있다. 1541년에 만들어진 그의 묘는 하즈라티 이맘 광장에서 가장 오래된 건물이다. 여기엔 56m인 두 개의 아름다운 첨탑과 두 개의 돔으로 이뤄진 하즈라티 이맘 모스크(Khazrati Imam Mosque)가 있으며, 돔 내부는 금박으로 장식되어 화려함이 인상적이다. 일출부터 일몰까지 햇살이 내부로 들어올 수 있도록 설계된 창문 또한 이 모스크의 독특함이다.

초르수 바자르(Chorsu Bazaar)

　돔으로 이루어진 타슈켄트의 명물 시장 초르수 바자르(Chorsu bazar)로 향한다. 하즈라티 이맘 광장에서 초르수 바자르까진 택시로 10여 분쯤 걸린다. 요금은 2만 5천 숨 정도다. 우즈베크 발음으로 '초르수'라고 읽어야 맞는 표현인데, '철수'라고 발음하면 발음도 쉽고 오래 기억되어 좋다. 이렇게 발음해도 이곳 사람들이 모두 알아듣는 게 신기할 따름이다.

*돔 모형의 초르수 바자르

 이곳은 타슈켄트 시내의 상징적인 시장인데, 이슬람 사원처럼 생긴 돔형 지붕으로 이루어져 있고, 매일 이곳 사람들이 많이 이용하는 타슈켄트의 대표적인 재래시장이다. 시장 밖에는 청과물 시장이 주를 이뤄 과일과 야채, 쌀이나 설탕, 소금 등을 팔고 있으며, 안에는 식품 매장으로 각종 향신료와 많은 음식들을 만들어 판매하고 있었다. 우리가 도착했을 때는 오후 4시쯤이었는데, 날씨가 더워서일까, 아니면 파장 시간이어서일까, 아무튼 많은 가게가 영업이 끝나고 정리된 상태였다. 여행 중에 대구에서 왔다는 부부를 만났는데, 이들이 건네준 납작 복숭아가 무척 달고 맛있었다.

여행 일정

▶ 타슈켄트 외곽 드라이브

▶ 베쉬 코즌 쁠롭 센터

▶ 타슈켄트 TV 타워

▶ 하즈라티 이맘 광장, 모스크

▶ 초르수 바자르

▶ 한국 음식점 마실 식당

숙소: Alliance Hotel

3day 미지의 도시에서의 하루

타슈켄트 지하철 여행

　타슈켄트의 여름은 무척 뜨겁다. 항상 느끼는 일이지만, 여름엔 강렬한 햇살과 뜨거운 열기 때문에 여행하기가 쉽지 않다. 이번 여행에서도 같은 경험을 한다. 그래서 오전에는 더위를 잠시나마 피하기 위해서 지하철 여행을 하기로 했다.

　우리가 머무르고 있는 숙소 Alliance 호텔에서 가장 가까운 역은 오이벡(Oybek)역이다. 지하철 여행은 오이벡역에서부터 시작한다. 기차역에 도착하면 개찰구와 자동판매기에서 티켓을 파는데, 한 번 탈 때마다 2천 숨(한화 약 240원)이다. 개찰구에서 표를 구해 지하철역 안으로 들어서면 두 명의 경찰이 짐 검사를 한다. 짐 검사를 마치면 승강장으로 들어갈 수 있다.

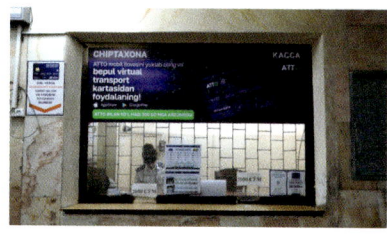

　타슈켄트 지하철은 총 4개 노선으로 이루어져 있는데, 우리는 2호선을 타고 종점인 베루니(Beruni)역까지 가 보기로 했다. 중앙아시아에는 우즈베키스탄의 타슈켄트 지하철과 카자흐스탄의 알마티 지하철 단 2개의 지하철이 있다고 한다. 이곳의 지하철은 중앙아시아 최초의 지하철로 구소련권에서 모스크바, 상트페테르부르크에 이어 노선 수가 많다.

　지하철을 탔는데, 안내 표지도 없고 지하철 노선도도 보이지 않는다. 우즈베크어 이외에는 안내 방송도 하지 않는다. 눈이 있어도 볼 수가 없고 귀가 있어도 들을 수가 없다. 무척 답답해하며 앉아 있는데 옆에 있던 청년이 "캔 유 스픽 잉글리쉬?"라고 말을 건네 왔다. 무척 반가운 목소리다. "예스, 아이 캔."이라고 무심결에 대답이 나왔다. 그는 또다시 어디를 가느냐고 물었고, 베루니역으로 간다고 했더니, 친절하게 베루니역은 종점이라고 알려 주었다. 이곳에선 만나는 사람마다 매우 친

1. 중앙아시아 여행의 시작, 우즈베키스탄 타슈켄트(Tashkent)　41

절하고 다정다감하다.

    타슈켄트는 중앙아시아 최대의 도시이자, 구소련에서 네 번째로 큰 도시로서, 역내 중심지로 기능하던 중요한 도시였다. 그러나 1966년 대지진이 타슈켄트를 직격해 도시가 완전히 파괴되었고, 소련은 이를 기회로 활용해 타슈켄트를 소련식 입맛에 맞는 현대 도시로 만들려고 하였다. 그 일환으로 지진이 일어난 지 2년 후, 지하철이 계획되었고, 1972년에 착공하여 1977년에 개통되었다. 1984년 우즈베키스탄은 독립하였고, 그 후 2001년에 세 번째 노선인 유누서버드선(Yunusobod Line)을 개통하여 현재에 이르고 있다.

베루니 바자르(Beruni Bazaar)

    종점 베루니역에서 내려 베루니 거리로 나왔다. 이곳 여름 날씨는 여전히 뜨겁다. 에어컨 바람이 나오는 곳을 찾아 들어갔더니 경비원이 들어가지 못하게 한다. 그래도 일단 들어가서 길을 물었다. "베루니 거리가 어디예요?" 구글 번역 앱을 이용해 우즈베크어로 통역을 해서 물어도 소통이 잘 안된다. 한참을 경비원 세 명이 묻고 답하며 상의하더니 베루니 거리의 위치를 알려 줬다.

    먼저 솜사(Somsa)를 파는 노점에서 1인분(10개, 8만 숨)을 사 먹었다. 솜사는 밀가루 반죽 안에 양고기를 넣고 구운 만두처럼 생긴 음식인데, 약간 뜨겁기는 하지만, 속에 양고기가 들어가 꽤 맛있다. 이곳에서 꽤 유명한 로컬 음식이다.

베루니 거리에는 베루니 바자르가 있다. 초르수 바자르가 전통 재래시장이라면, 이곳은 아주 고급진 물건들이 잘 정돈된 신형 재래시장이다. 매장 안으로 들어서면 매우 깔끔하고 잘 진열된 가게들이 눈에 들어오고, 다양한 물건을 파는 가게들이 빽빽이 들어서 있다. 초콜릿만 파는 가게, 음료수만 파는 가게, 과일만 파는 가게, 계란만 파는 가게 등등….

에어컨이 나오는 초현대식 바자르, 베루니 바자르에서 많은 시간을 보냈다. 특히 많은 시간을 보낸 곳이 있는데, 장식 소품을 파는 가게였다. 이곳에선 팔찌를 만들 수 있는 구슬, 장신구, 십자수를 만들 수 있는 재료, 각종 단추, 옷 장신구, 지퍼 등등 다양한 물품들을 팔고 있었다. 우리는 여기에서 예쁜 팔찌도 만들었다.

*베루니 바자르

타슈켄트 시티 투어

그랜드 미르 호텔에서 나오면 바로 앞 광장에 시티 투어 버스가 출발하는 정류장이 있다. 시티 투어를 하기 위해서는 정류장으로 가서 기사에게 직접 요금을 지불하고 타면 된다. 투어 시간은 대략 2시간에서 3시간 정도 소요되는데 한국어가 포함되는 안내가 있어서 타슈켄트를 여행하기에 편리하다.

투어 버스는 2층 버스인데, 1층은 실내고 2층은 오픈되어 있다. 한여름에는 온도가 섭씨 35도가 넘는 날이 많으므로 에어컨이 가동되는 1층을 이용하길 추천한다. 타슈켄트의 명소를 두루 도는데 세 군데는 내려서 구경한다. 여행 코스는 그랜드 미르 호텔 - 아미르 티무르 광장과 박물관 - 지진 기념비 - 하즈라티 이맘(Khazrati Imam) 광장 - 초르수 시장 - 나보이 극장 - 그랜드 미르 호텔로 돌아오는 코스다. 시간이 없거나 우즈베키스탄의 역사와 문화를 알고 싶은 사람이라면 타슈켄트를 여행하는 데 제격이다. 호텔에서도 투어 버스 티켓 구입이 가능하지만 별도의 서비스 차지가 붙는다. 가능하면 버스에서 직접 구입하길 권한다.

연인들의 거리 브로드웨이(Broadway)

아미르 티무르 광장 앞에 타슈켄트의 문화 1번지라고 불리는 브로드웨이가 있다. 젊은이와 연인들이 많이 모여드는 거리라서 일명 연인들의 거리라고 불린다. 낮 동안의 뜨거운 열기를 피해 저녁에 이곳에 들렀더니 사람들이 많이 모여 있다. 남녀노소 누구나 찾아오지만 젊은이들이 많아서 활기차고 역동적이다.

키 큰 나무들이 만드는 그늘과 많은 벤치가 있어 데이트를 즐기는 연인들을 비롯해 많은 이들이 모여드는 젊음의 거리이자 공원이라 할 수 있다. 우리가 도착했을 땐 시원한 바람이 불어서 공원을 둘러보기에 좋았다. 공원 안에는 잔디밭도 있는데, 잔디밭 가장자리에선 그림과 골동품, 액세서리 등을 팔고 있었다.

높이 치솟은 가로수길 양쪽에 맛집이랑 볼거리가 많이 있고, 자전거 렌트도 가능해 자전거를 타면서 공원을 둘러봐도 좋다. 이곳 젊은이들과 어울려 인사하고 사진도 찍으며 무더위를 날리기에 안성맞춤인 곳이다.

예약은 더 꼼꼼히

뜨거운 여름날 관광하며 쇼핑하는 것은 무척 힘든 일이다. 그래도 에어컨이 시원하게 나오는 곳이라면 조금은 위안이 되겠지만, 아무튼 쉽지 않다.

문제가 생겼다. 숙소로 돌아왔더니 카운터에서 "오늘 밤에는 욕실이 딸려 있지 않은 방을 사용해야 한다."라고 한다. 침실에 욕실이 없기 때문에 밖에 있는 욕실을 사용해야 한다는 것이다. 숙소를 예약하면서 세부 사항을 꼼꼼히 살피지 못한 것이 실수였다. 2일은 욕실이 포함된 방을, 1일은 욕실이 없는 방을 예약한 것이다.

숙소에 욕실이 딸린 방과 욕실이 없는 방이 있다는 사실을 여기에서 처음 알았다. 여행에 지친 몸으로 욕실이 분리된 침실을 사용한다는 것은 매우 불편한 일이다. 더구나 아내와 함께하는 여행에서. 그래도 다행이었다. 10분 남짓 실랑이를 벌인 끝에 10불의 추가 요금을 지불하고 욕실이 딸린 방에서 보낼 수 있었다. 어떤 일을 할 때는 보다 꼼꼼히 살펴봐야 한다는 사실을 많은 돈과 시간을 들여 가며 몸소 체험한 날이었다.

여행 일정

- ▶ 타슈켄트 지하철 여행
- ▶ 베루니 바자르
- ▶ 시티 투어 버스 여행
- ▶ 브로드웨이 거리
- ▶ 한국 음식점 '김삿갓'

숙소: Alliance Hotel

2. 말라 버린 바다
무이나크(Moynaq)

`4day` **말라 버린 바다로의 여행**

　가끔은 아주 중요한 일을 잊고 사는 경우가 있다. 오늘은 타슈켄트에서 누쿠스로 가는 비행기를 타야 한다. 그런데 문제가 생겼다. 어제 저녁 7시까지 항공권을 예매해 놓은 줄 알았는데 실제 예매가 안 된 것이었다. 7시 10분쯤 부랴부랴 네이버 항공권으로 검색했다. 다행히 좌석이 남아 있었고 마이트립(Mytrip) 앱을 통해 항공권을 예매했다. 마침 오늘이 일요일이라서 좌석이 남아 있었는지, 아니면 우리에게 행운이 있어서 그런 것인지는 모르지만 가까스로 비행기를 탈 수 있었다.

　이른 아침 호텔에서 얀덱스 고 택시를 불렀다. 잠시 후 택시가 도착했는데, 운전기사는 으레 영어와 한국어를 모른다. 타슈켄트에는 항공기 여객 터미널이 국제선과 국내선으로 따로 구분되어 있다. 국제선은 T2, 국내선은 T3에서 타야 한다. 택시 기사는 국제선과 국내선 구분을 잘 못하는 것 같다. 호텔 지배인의 도움으로 우리가 탄 택시는 국내선 여객 터미널을 향해 달렸다. T2를 지나서 약 12분 정도 차를 타고 가면 국내선 여객 터미널인 T3가 나온다. 누쿠스행 비행기는 오전 8시가 다 되어서야 이륙했다. 정확히 1시간 20분 후 누쿠스 공항에 도착했다. 국내선 항공 수속은 국제선보다는 훨씬 수월하다. 비행은 45분이나 연착되었다.

무이나크로 가는 길

아랄해를 보기 위해서는 무이나크까지 합승 택시를 타고 가야 한다. 도저히 햇볕을 받고 다닐 수 없는 폭염 속에서 왕복 6시간, 60만 숨을 주고 아랄해를 다녀왔다.

흙먼지가 날리는 길을 에어컨 없이 달리다가 가스를 충전하고 나서야 미지근한 바람이 나왔다. 함께 탄 사람들은 모두 온몸이 땀으로 젖었다. 시간과 돈을 들여, 사우나탕 같은 대지를 가로질러 아랄해에 도착했다. 그나마 아랄해로 가는 길 양쪽에 끝없이 펼쳐진 지평선이 아름다웠다. 그러나 넓고도 아름다운 이 땅이 기상 변화로 인해 사막화가 진행되고 있다. 전에 이곳은 목화 재배 단지였다고 한다. 가는 길에 많은 목화밭이 눈에 들어왔다.

*타슈켄트 T3 공항(좌), 사막화가 진행되는 아랄해(우)

사막이 된 바다, 아랄해(Aral Sea)

아랄해는 카스피해의 동쪽, 기후가 매우 건조한 중앙아시아 중심부에 있는 소금 호수다. 세계에서 네 번째로 큰 내해(內海: 대륙 안에 있는 바다)로, 1960년도에는 면적이 6만 8천㎢, 깊이 약 25m였으나, 1987년 그 면적이 약 4만㎢로 줄고, 수위도 12m 이상 내려가 과학자들의 관심이 많은 곳이다. 아랄해가 이렇게 바뀐 것은 관개를 위해 수원(水源)인 시르다리야강과 아무다리야강의 물길을 돌렸기 때문이라는 설이 있다.

아랄해라는 이름은 '섬들의 바다'라는 뜻으로, 키르기스 아랄덴기스에서 유래되었는데, 실제 면적 1ha 정도의 섬들이 천여 개 이상 호수에 흩어져 있었다고 한다. 1960년 소련 정부는 아무다리야강과 시르다리야강의 물을 이용하여 우즈베키스탄, 카자흐스탄, 투르크메니스탄 등지의 광대한 땅을 관개 농지로 바꾸었는데, 이 때문에 아랄해로 흘러드는 강물이 대폭 줄어들었고, 호수의 물은 염분과 광물질 함유량이 급속도로 늘어나 음료수로 사용할 수 없게 되었다. 또한 전에는 많았던 철갑상어, 잉어, 유럽 잉어 등의 물고기들도 멸종의 위기에 놓이게 되어 연안 어업도 폐업 상태가 되었다.

이미 바다가 아닌 황무지 같은 벌판, 관목과 풀들만 듬성듬성 강렬한 햇볕을 견디고 있는 곳, 이곳이 아랄해다. 물이 빠진 바다는 모래와 잡초로 이루어진 사막이 되었고, 황량한 사막 위엔 푸른 바다를 가로지르며 싱싱한 고기를 끌어 올리던 어선들은 붉게 녹슨 채 모래 위에 몸을 얹고 있었다. 단지 전에는 이곳이 바다였을 것이란 사실을 알려 주듯 말이다.

택시 기사의 이야기로는 이곳은 한때 번잡했던 항구였다고 한다. 그러나 지금은 200km는 더 가야 바다를 볼 수 있다. 죽음과 부재, 고요와 목마름만이 존재하는 이곳에 내려서자 모래가 발밑에서 서걱거린다. 경탄과 감동과 아름다움을 보고자 했다면 오지 말아야 하는 곳이다.

말라 버린 바다. 이제는 항구가 아닌 황무지 앞에서 자연과 인간의 공존의 길은 참으로 어렵다는 사실을 깨닫는다. 얼굴이 벌겋게 익어 버린 채 몇 장의 사진을 찍었다. 붉게 녹슬거나 뼈대만 남은 저 어선들은 이 황무지, 모래를 지나 푸른 물결의 바다로 나가던 그날을 증거하고 있었다.

　바다에서 올라올 때 여기저기 나 있는 함초를 맛보면서 이곳이 바다였다는 사실을 다시 한번 더 확인할 수 있었다. 돌아오는 길엔 이곳의 역사를 보여 주는 박물관에 들렀다. 바다였을 때와 바다가 말라 가는 모습을 담은 사진과 그림 그리고 그와 관련 있는 다양한 물건들이 전시되어 있고, 중앙엔 영상실이 있어 아랄해의 변천과 지금의 모습을 영상으로 보여 주고 있다.

누쿠스(Nukus)의 부자 '무하마드 알리'

이곳에서 1997년부터 2007년까지 우리나라 전주, 성환, 부산, 잠실 등에서 아파트 공사의 실리콘 일을 했다는 택시 기사 '무하마드 알리'와 이야기를 나눌 수 있었다. 알리는 돈을 벌기 위해 한국에 갔고, 11년간 일을 하면서 많은 돈을 벌었단다. 타슈켄트에 아파트 두 채, 누쿠스에 아파트 두 채를 소유하고 있고, 두 달 전부턴 이곳 누쿠스에 땅을 사서 본인과 가족들이 살 단독 주택을 짓고 있었다. 한국에서 열심히 일하고, 번 돈으로 이곳에서 자신의 꿈을 이루어 가고 있는 그가 멋있어 보였다.

알리에게 집 구경을 부탁해서 그의 집을 방문했다. 먼저 간 곳은 지금 건축 중인 단독 주택이 있는 곳이다. 그는 마을 한쪽 300여 평 되는 땅에 벽돌로 이곳 분위기에 맞는 아주 크고 예쁜 집을 짓고 있었다.

알리는 아내와 자녀 2남 1녀를 둔 가장이다. 누쿠스 시내에 있는 그의 집은 2월에 입주한 새 아파트였는데, 그의 집을 방문하자 아내와 딸 그리고 1년 5개월이 되었다는 아기가 우리를 반겨 줬다. 5년 후엔 지금 12살인 아들을 한국에 있는 대학에 유학시키기 위해서, 한국에 또 일하러 오겠다는 꿈을 가지고 있었다. 짬뽕과 짜장면, 길거리에서 파는 오뎅이 그립다고 말하는 알리는 이곳 우즈베키스탄의 여느 사람들처럼 아주 착하고, 한국과 한국인에 대한 좋은 인상을 갖고 있었다. 알리의 집을 방문했을 때 그의 아내는 박하차와 버찌로 담갔다는 '캄포트 차'를 내왔는데, 맛이 새콤달콤했다. 알리의 아버지가 청량음료를 싫어해서 담갔다는데, 집에서 만든 차라 그런지 마시기에 부담이 없고 좋았다.

그의 집에서 나와 우즈베키스탄 사람들의 주식, '난'이라는 빵을 만드는 곳에 갔다. 빵집 안으로 들어가니 이곳 사람들도 우리를 반갑게 맞이해 줬다. 먼저 제일 어른인 듯 보이는 노파가 막 구운 빵이라며 먹어 보라고 권했다. 막 나온 빵이라 그런지 아주 뜨거웠다. 너무 뜨거워서 받기가 어려울 정도였다. 내가 빵을 받지 못하자, 빵을 찢어서 먹어 보라고 줬다. 방금 구워서 그런지 빵을 좋아하지 않은 나에게도 아주 맛이 있었다. 아마도 이분들의 훈훈한 인정 때문이었을 것이다.

한국 음식점 '소나타'와 호텔비 환불

누쿠스에는 '소나타'라는 한국 음식점이 있다. 저녁 식사를 하기 위해서 이곳에 갔다. 이 식당 메뉴 중 으뜸은 우동이다. 국물 맛이 아주 좋다. 면만 좀 부드러웠다면 한국에서 먹는 우동과 그 맛이 아주 똑같았을 것이다. 김밥 한 줄, 된장찌개 1인분, 계란말이 두 접시를 주문해서 4명이 나눠 먹었다. 모든 음식이 맛있었다. 우즈베키스탄을 비롯한 중앙아시아 음식은 대부분이 기름과 고기가 섞여 있고, 오이와 토마토로 만든 샐러드 외에는 야채가 별로 없다. 그래서 느끼하다. 그 느끼함 때문에 한식을 자주 먹게 되는데, 이곳에서 맛있는 우동을 만날 수 있어서 행복한 시간이었다. 또 여느 식당에서와는 달리 테이블에 초인종이 달려 있었다. 이것 때문에 마치 한국에 있는 식당에 온 것 같은 기분도 느낄 수 있었다.

아침에 체크인 할 때 잘못 계산해서 호텔비를 더 많이 지불했는데, 아랄해 관광을 마치고 호텔로 돌아와, "더 지불한 요금을 돌려줄 수 있느냐?"라고 물었더니, 바로 돌려줬다. 경황이 없어서 체크인할 때 영수증도 받지 못했는데…. 이렇게 쉽게 돈을 돌려받으리라고 생각도 못 했다. 아무것도 묻지 않고 잘못 지불된 돈을 환불해 준다. 세상에는 이런 일도 있다. 이곳 사람들은 정말 정직하고 착하다는 것을 다시 경험할 수 있었다. 우리가 머문 호텔은 지펙 졸리 호텔(Jipek Joli Hotel)이었다.

여행 일정

▶ 타슈켄트 국내선 공항 T3 → 누쿠스 공항
▶ 아랄해
▶ 누쿠스 알리의 집
▶ 한국 음식점 '소나타'

숙소: Jipek Joli Hotel

우즈베키스탄 II
Khiva

히바는 중앙아시아 실크로드의 오아시스라고 불리는 고성이다.
성곽 내에는 고풍스런 건물들이 많이 남아 있어
여행하는 내내 난 실크로드 시대에 와 있는 듯했다.

3. 실크로드의 오아시스
히바(Khiva)

5day 쉬고 싶은 도시, 고성 히바

실크로드의 오아시스라고 불리며 쉬고 싶은 도시 히바로 간다. 누쿠스에서 히바로 가는 방법은 여러 가지가 있다. 버스나 기차를 타거나 합승 택시를 타는 것인데, 합승 택시를 타고 가는 것이 가장 좋다. 버스 터미널과 기차역에서 택시 요금을 알아보니, 40만 숨을 요구한다. 기나긴 흥정 끝에 35만 숨에 예약을 했다. 우리는 가장 저렴한 가격으로 택시를 탈 수 있었다. 누쿠스에서 히바까지는 2시간 30분에서 3시간 정도가 소요된다. 길은 포장이 잘된 고속도로가 주를 이루지만, 포장된 지 오래되어 중간중간 파인 부분도 많았다.

이곳에도 목화밭이 많다. 누쿠스에서 히바까지 오는 길 양쪽에 사막화가 이루어지고 있는 모래땅을 제외하곤 많은 곳에서 목화가 재배되고 있었다. 이곳 목화들은 어렸을 때 우리나라에서 내가 보았던 목화들보다 작고 마른 것이 많았다. 기후의 영향으로 제대로 성장하지 못한 것 같다. 어떤 장소에선 벼도 자라고 있었는데, 물이 부족해서 제대로 자라지 못하고 비쩍 말라 죽어 가고 있거나, 병든 것들이 눈에 많이 띄었다.

 히바로 가는 길은 좋지 않아 자동차가 속도를 내기도 어려운데, 앞에서 군용 트럭 7대가 길을 막고 서서히 가고 있다. 택시 기사는 추월도 못하고, 시속 30km를 유지하며 아주 느린 속도로 달렸다. 30여 분 정도를 이런 속도로 달리다 보니 시간이 많이 지체되었다. 3시간이 넘도록 택시를 탄 후, 12시가 조금 넘어서 히바의 고성, 이찬 칼라 서문 앞에 도착했다.

히바성 둘러보기

 히바는 고대 실크로드 오아시스 도시 사마르칸트, 부하라와 함께 우즈베크 3대 역사 도시 중 하나다. 서쪽 가장 깊숙한 곳에 위치해 있어 접근이 어렵지만, 그런 만큼 역사 도시의 면모를 잘 갖추고 있다. '숨은 샘'이라는 뜻을 가진 도시다. 큰 도시는 아니지만 도시의 분위기는 아라비안나이트 그 자체라고 할 수 있다. 우즈베키스탄에서 지붕 없는 박물관이라는 말이 가장 잘 어울리는 곳이다. 점점 관광객이 늘면서 유명세를 타고 있고 경관 관리도 아주 잘되어 있었다.

히바 칸국 이전에는 한때 이란을 중심으로 서아시아를 지배했던 호라즘 왕국의 땅이었다. 그러나 몽골과 티무르 제국에 차례로 정복되면서 쇠퇴하였다. 1502년에는 카스피해 일대에서 옮겨 온 우즈베크의 샤이바니 칸이 지배하게 된다. 이것이 히바 칸국의 기원이다. 원래 수도는 투르크메니스탄에 있었는데, 힌두쿠시산맥에서 발원한 아무다리야강이 카스피해로 흐르다가 아랄해로 물길을 바꾸었다. 이 때문에 우르겐치는 아무다리야강이 흐르는 현재의 위치로 옮겨 가게 되었다. 히바 칸국은 1873년 러시아에 복속되어 겨우 명맥만 유지해 오다가

1920년에 소련에 병합되었다.

　내성인 이찬 칼라와 외성인 디샨 칼라로 나뉜다. 이찬 칼라 안에는 많은 고대 역사와 상징을 가진 건물들이 자리하고 있다. 천천히 걸으면서 모든 것을 관람할 수 있다. 성안에선 가끔 툭툭이를 볼 수 있는데, 이 툭툭이를 타면 외성인 디샨 칼라까지 모두 관람할 수 있다. 반드시 툭툭이를 타 볼 것을 권한다. 안에서 보는 히바성과 밖에서 보는 히바성은 사뭇 다르다. 네 명이 10만 숨(한화 1만 1천 원)이면 탈 수 있다. 한 시간 정도 소요된다.

히바의 중심 이찬 칼라(Itchan Kala)

　히바의 중심인 이찬 칼라는 성곽 도시로, 성곽과 내부 건축물들이 거의 통째로 남아 있는 역사적인 곳이다. 1920년대 러시아 혁명 후, 폭풍으로 일부가 파괴되었지만 여전히 대부분의 구간이 잘 보존되어 있고, 훼손된 구간도 1970년대부터 재건 중이다.

성곽 내에는 전부 고풍스러운 옛 건물들만이 남아 있기 때문에 볼거리도 많았다. 랜드마크는 아름다운 푸른색 원통형의 '칼타 미노르 미나렛'으로, 1852년에 착공했지만 1855년에 미완성인 채로 공사가 중단됐다고 한다. 주요 건물로는 궁전인 쿠냐 아르크와 타시 하울리 궁전, 주마 모스크, 히바의 랜드마크 이슬람 호자 미나렛, 디샨 칼라 등이 있다.

이찬 칼라에 들어가려면 비용이 들지 않지만, 내부에 있는 대부분의 개별 건축물에 들어가려면 입장료를 내야 하기 때문에 성곽 서문에서 팔고 있는 패스를 구입하는 것이 좋다. 청록빛 탑 이외에도 거대한 성벽 역시 인상적인데, 부하라와 비교해서 보면 더욱 좋다.

오리엔트 스타 히바 호텔(Orient star khiva hotel)

히바 성 안에는 오리엔트 스타 히바 호텔이 있다. 오늘 우리가 묵는 호텔이다. 호텔은 칼타 미노르 미나렛(녹색 미나렛) 뒤에 있다. 호텔로 가려면 서문을 통과해야 한다. 서문을 통과하기 위해선 입장료를 내야 하지만 오리엔트 스타 호텔 투숙객은 입장료가 면제다. 그래서 이 문을 통과하는 대부분의 사람들은 오리엔트 투숙객이라고 말하고 들어온다고 한다. 서문을 통과하면 바로 녹색 미나렛이 크고 웅장한 모습으로 눈에 들어온다. 강렬한 여름 햇살과 함께 옛날 풍요를 누렸을 것 같은 멋진 거리 오른편에 호텔이 있다. 하룻밤 숙박료는 약 45달러인데, 20% 텍스가 별도로 부가된다.

 숙소는 2층에 있는데, 옛날에 사용하던 방을 개조해서 만들었다. 방에 들어오면 마치 옛날 실크로드를 오가던 상인이 된 것 같은 착각에 빠지게 한다. 한 번쯤은 꼭 머물러야 할 방이다. 우리는 209호실에 머물렀는데, 고풍스러운 분위기에 앞뒤 문을 열면 시원한 바람이 금세 뜨거운 열기를 식히고, 여행객의 피로를 덜게 한다.

 이찬 칼라(Itchan Kala) 성안에 있는 이 호텔은 비단길을 이용하던 상인들이 사막을 건너 이란으로 가기 전에 마지막으로 머무르며 휴식을 취하던 곳이다. 약 10m의 높이로 이루어진 성벽으로 둘러쌓여 있는 옛 히바 오아시스의 중심에 있다. 오래된 기념물들은 남아 있지 않지만, 중앙아시아의 뛰어난 이슬람 건축물들이 잘 보존된 곳이다.

칼타 미노르 미나렛(Kalta Minor Minaret)

'칼타 미노르'는 '짧은 미나렛'이라는 뜻이다. 히바성 서쪽 문을 통해 이찬 칼라로 들어서면 바로 오른쪽에 서 있는 미나렛이다. 19세기 중반 무하마드 아민 칸 시대에 70m(다른 기록에 의하면 110m) 높이를 목표로 건립되기 시작했으나, 칸의 죽음으로 28m에서 중단되었다. 이 미나렛은 미완성임에도 불구하고 푸른색 유약 타일의 화려한 외부 장식이 히바의 특징적 경관을 잘 보여 준다. 하지만 실제 역사와는 별개로 미나렛 건축에 대해 전해 내려오는 흥미로운 전설이 있다.

이 웅장한 미나렛을 짓는 동안 탑 건설에 참여했던 많은 사람들은 미나렛 근처에서 파업에 참여했다. 이 때문에 무하마드 아민 칸은 파업의 지도자 마티아쿱을 잡아서 타워 바닥에 생매장하라고 명령했다는 것이다. 또 다른 전설에 따르면 '미나렛을 지을 당시 히바에서 멋진 미나렛을 만든다는 소식이 부하라에 전해졌다. 이 소식을 들은 부하라의 칸은 히바의 건축이 끝나면 해당 건축자를 불러서 부하라에 더 멋진 미나렛을 짓겠다고 했다. 이 소식은 히바의 칸에게도 전해졌다. 그래서 히바의 칸은 이 미나렛이 완성되고 나면 건축가를 죽이라고 명령을 내렸다. 이 이야기를 들은 건축가는 미나렛을 짓다가 틈을 타서 도망갔다'고 한다. 하지만 이것은 전설에 불과하며 이 미나렛은 칸이 죽은 후 정확히 중단되었다.

미나렛의 직경은 14m를 넘는다. 미완성이지만 생각보다 크다. 한 세기가 지난 지금도 칼타 미노르 미나렛은 1855년에 지어질 때처럼 여전히 밝고 생생한 유약 타일과 마졸리카로 그 아름다움을 유지하고 있다. 바로 옆 아민 칸 마드라사와 나무다리로 연결되어 있어서 다리를 건너면 그 내부로 들어갈 수 있다. 윗부분에는 페르시아어 네쉬탈리크 캘리그라피로 둘러쳐져 있다. 미완성이지만 아주 아름답다. 아직까지 지어지지 못한 상부는 상상 속에 남겨 둘 수 있어서 또 하나의 매력이 될 수 있었다.

테라싸 카페 앤 레스토랑(Terrassa cafe & Restaurant)

고대 도시 히바에서 점심 식사를 하기 위해 레스토랑을 찾아 나섰다. 카페 겸 레스토랑인 테라싸로 갔다. 이 레스토랑은 숙소에서 나와 동문 쪽으로 2분쯤 걷다 보면 왼쪽에 낙타 한 마리가 앉아 있는데, 거기서 왼쪽으로 방향을 틀어서 나온 건물 가운데에 위치하고 있다. 레스토랑의 3층은 오픈되어 있다. 여기에선 식사를 하며 도시 뷰를 즐길 수 있는데 이찬 칼라의 아름다운 모습이 한눈에 들어온다. 팬케이크(Chalpak big)를 안주 삼아 맥주(Sarbast)도 마셔 보자. 다른 곳에서 마시는 맥주보다 맛이 좋고 색다른 기분을 즐길 수 있다. 프레쉬 애플주스(Fresh juice

Apple)도 강추한다.

식당에서 음식을 먹고 계산할 때는 트래블 하나카드나 트래블 신한 카드를 사용해 보자. 현금이 없어도 카드 수수료 없이 결제가 되니 매우 유용하다. 결제 시 카드 도용 방지를 위해서 반드시 와이파이 결제를 해야 한다는 것도 잊지 마시길. 외국에서 카드를 사용할 땐 반드시 카드 복제를 신경 써야 한다.

주마 모스크(Juma Mosque)

히바의 회중 모스크(금요일 모스크)이다. 내부는 밀폐된 형태의 독특한 구조이며 212개의 기둥이 나열되어 독특한 분위기를 자아내고 있다. 원래는 10세기부터 이 위치에 모스크가 있었으며, 현재의 모스크는 1788년에 재건된 것이다. 모스크 앞에 42m의 대형 미나렛이 있다.

히바의 랜드마크 이슬람 호자 미나렛(Islom Xo'ja minorasi)

히바성에 들어서면 맨 먼저 눈에 들어오는 것이 칼타 미노르 미나렛이다. 다음으로 들어오는 것이 이슬람 호자 미나렛이다. 히바는 도시가 크지 않은 반면 높이 45m의 이 미나렛은 툭 튀어나와 어느 곳에서 봐도 눈에 띈다. 이슬람 호자는 1898~1913년 동안 이슬람 히바 칸국의 대재상이었다. 그는 1908년 자신의 이름을 딴 이 미나렛을 세웠다. 이 미나렛은 히바에서 가장 높은 탑이다. 안으로 들어가면 가파른 나선형 계단이 있다. 계단을 거슬러 오르면 꼭대기로 올라갈 수 있는데, 사방으로 뚫린 창을 통해 히바 전체를 바라볼 수 있다.

이슬람 호자 미나렛이 가진 100년 남짓한 역사는 다른 오래된 건물들에 비해 새로운 편이지만 히바에서는 빼놓을 수 없는 중요한 랜드마크다. 가파른 계단이지만 반드시 쉬엄쉬엄 탑 꼭대기까지 올라 히바 도시의 아름다움을 관망해 보길 권한다.

이찬 칼라 성 뜨개질의 달인

　히바성 안에는 길거리에 많은 노점상이 있는데, 한 가게에서 뜨개질의 달인을 만났다. 아주 재빠른 손놀림으로 예쁘고 다양한 제품들을 아주 쉽게 만들어 낸다. 11살 때부터 뜨개질을 시작했는데 올해 30살이 되었다고 한다. 아들과 딸, 남매를 기르고 있는 여성이다. 아름다운 히바성 안에서 가족을 위해 노점상을 운영하며 열심히 살고 있는 그녀의 뜨개질하는 모습이 참 예쁘다.

디샨 칼라(Dechan Kala)

　히바성의 바깥 성벽 구역을 디샨 칼라라고 부른다. 성벽의 길이는 약 6km 정도다. 북쪽 성문은 1912년에 재건되었고, 남쪽 성문은 1942년에 재건된 것이다. 성벽은 대부분 사라졌다. 우리는 히바성 남문으로 갔다.

강렬한 여름 햇살 때문에 보지 못했던 고대 도시의 전경을 보기 위해 밤 9시가 넘어서 망루에 올랐다. 디샨 칼라 망루에 오르면 도시 전체가 내려다보인다. 이곳의 야경은 고대 도시가 주는 또 다른 매력이 있다. 시원한 밤바람을 맞으며 내려다보는 고대 도시에서 보는 야경은 정말 아름답다. 히바성은 낮에도 화려함과 아름다움이 극치에 달하지만, 저녁 불빛에서 풍기는 은은함은 사람들을 이곳에 머물게 하는 또 하나의 매력이다.

*디샨 칼라에서 내려다본 히바의 야경

여행 일정

▶ 누쿠스 → 히바
▶ 히바성 둘러보기
▶ 이찬 칼라
▶ 칼타 미노르 미나렛
▶ 테라싸 카페 앤 레스토랑
▶ 이슬람 호자 미나렛
▶ 디샨 칼라

숙소: Orient Star Khiva Hotel

우즈베키스탄 III
Bukhara

지붕 없는 박물관이라 불리는 부하라는 한가하고 조용한 도시다.
생활에 바빠 지쳐 있는 나에게 한 달간의 여유가 주어진다면
난 반드시 이곳에 와서 쉬다 갈 것이다.

4. 도시 전체가 박물관
부하라(Bukhara)

6day 힐링이 필요하면 찾아가야 할 도시 부하라

부하라로 가는 길

　오늘은 부하라로 가야 한다. 부하라까지는 히바에서 43km 떨어져 있다. 부하라로 가는 방법은 여러 가지가 있다. 첫째, 히바 서문 앞 광장에서 합승 택시를 타고, 부하라 라비하우스로 간다. 요금은 합승 택시 한 대에 70만 숨(한화 약 7만 원)이다. 둘째, 히바성 북문에서 트램(Tram)을 타고, 우르겐치(Urgench)까지 간 다음 열차를 타거나 합승 택시를 탄다. 셋째, 히바 기차역에서 부하라까지 가는 기차를 예매해서 타고 간다. 이 경우 요금은 1인당 17만 8천 숨(한화 약 2만 원)이다. 우리는 두 번째 방법을 선택했다.

　먼저 서문에서 북문까지 걸어가 트램이 오기를 기다렸다. 서문에서 북문까지는 걸어서 15분쯤 걸린다. 우루겐치로 가는 트램은 30분에 한 대씩 있다.

북문에서 트램이 나타나기를 20여 분 기다렸다. 한참 기다리자 초록색의 트램이 나타났다. 우르겐치까지는 1시간 20여 분이 소요되었다. 트램은 마치 시골 동네 버스를 연상케 했다. 우르겐치까지 가는 동안 많은 사람들이 타고 내렸다. 우르겐치역으로 가야 하는데 우리가 탄 트램은 그쪽으로 가지 않았다. 중도에 차에서 내려 어디에 있는 줄도 모르는 우르겐치역을 물어물어 찾아갔다. 날씨는 무척 덥고, 온몸은 땀으로 범벅이 되었다. 20여 분을 길에서 헤맨 끝에 우르겐치역에 도착했다.

우르겐치에서 부하라까지 가는 열차는 12시 10분에 있었다. 입구 왼쪽에 있는 매표소에서 티켓을 구입했다. 이곳 언어에 익숙하지 않은 우리들은 모두 여권과 돈을 제시하고, 일행 중에 여행 경험이 많고 나이가 드신 분이 매표를 담당했다. 기차표를 주문하고, 손에 들어오기까지 30여 분이 소요되었다. 매표원은 여자 두 명이었는데, 일 처리가 더뎌서 그런 것인지, 시스템이 그런 것인지 기차표 발권까지는 꽤 오랜 시간이 걸렸다. 한참을 기다리고 나서야 기차표를 손에 쥘 수 있었다.

　기차는 2층으로 된 침대칸으로 한 칸에 4명이 탈 수 있었다. 열차 안에는 에어컨도 없고, 창문도 열 수 없는 데다 여름의 뜨거운 열기 때문에 무척 덥고 갑갑했다. 그래도 열차는 쉼 없이 달렸다. 부하라로 가는 동안 끝이 없이 펼쳐진 광활한 대지는 사막화가 많이 진행되고 있었다. 어떤 곳은 벌써 사막이 된 곳도 있었다. 땅은 매우 넓은데 정말 안타까운 일이다. 어쨌든 무사히 부하라역에 도착했다. 12시 10분에 출발한 기차는 오후 6시 14분에 도착했다. 우르겐치에서 부하라까지 6시간이 넘게 걸렸다.

　내일은 사마르칸트로 가야 한다. 사마르칸트까지도 기차를 타고 가기로 했다. 부하라역에 도착해서 밖으로 나오면 왼쪽에 예매를 위한 매표소가 따로 있다. 우리는 기차표를 예매하기 위해 모두 매표소에 들렀다. 부하라에서 사마르칸트로 가는 열차는 고속 열차다. 내일 오후 2시 34분에 떠나는 기차표를 이코노미석으로 예매했다. 이곳에서도 요금은 1인당 17만 8천 숨이었다.

　부하라역에서 우리들의 숙소인 초르 미노르(Chor minor) 호텔까지는 15km 정도 떨어져 있다. 이곳에서도 택시 호객 행위는 여전히 이루어지고 있었다. 얀덱스 고 앱을 이용해서 택시를 부르려고 하는데, 어떤 택시 기사가 얀덱스 고 앱을 이용하는 택시라고 한다. 택시를 잡아타고 호텔까지 갔다. 택시비는 2만 숨이었다. 호텔까지 가는 동안 택시 기사에게 물어 내일 관광 코스를 예약했다. 25만 숨을 주고, 오전 4시간 동안 관광하는 조건이었다.

라비하우스(Lyabi House) 레스토랑

초르 미노르 호텔은 겉보기와는 달리 안은 꽤 좋았다. 2인 1실로 요금은 37불이다. 호텔에 짐을 풀고 저녁 식사를 하기 위해 밖으로 나왔다. 라비하우스 레스토랑으로 가기 위해서다. 라비하우스 레스토랑은 부하라 역사의 중심인 라비하우스 광장 안에 있다. 라비하우스는 연못과 두 개의 마주 보는 건물로 이루어진 부하라 역사의 중심지이기도 하다. 먼저 칼론 미나렛(Kalon Minaret)으로 가면 큰 연못이 있는데, 그 주변에 식당이 많아서 식사하러 온 사람들로 붐볐다. 우리는 택시 기사가 추천해 준 라비하우스(Lyabi Hause) 레스토랑에서 저녁 식사를 했다. 메뉴는 이 집에서 유명한 샤슬릭이다. 양고기샤슬릭 한 접시와 맥주 2병(35만 숨)을 주문했다. 잠시 후, 아주 푸짐한 샤슬릭이 나왔다. 네 명이 맛있게 먹고도 남았다.

　식사를 마치고 숙소로 돌아오는 길이다. 연못을 향해 쓰러질 듯, 잎을 드리우고 있는 뽕나무는 이곳이 실크로드임을 다시 한번 더 확인시켜 준다. 식당 건너편에는 낙타 동상도 있다. 쌍봉낙타 세 마리가 일렬로 앉아 있다. 새끼 낙타를 거느린 어미 낙타도 있다. 비록 조형물이지만, 부하라의 갈색 낙타는 순식간에 우리의 마음을 사막으로 태우고 갔다.

라비하우스(Lyabi House)와 호자 나스레딘

***익살스러운 호자 나스레딘의 동상**

　나디르 디반베기 마드라사 앞에는 잔디밭에 커다란 나무들이 심겨져 있다. 나무 사이로 두 손을 치켜든 모양새가 범상치 않은 동상이 하나 서 있다. 13세기 중동과 중앙아시아 지역에서 지혜와 해학으로 유명했던 호자 나스레딘이다. 그는 이슬람 신비주의라고 하는 수피즘교도였다. 고개를 왼쪽으로 꼰 귀가 얼굴만큼 긴 나귀는 뭔가가 못마땅한 듯한 표정이다. 나귀에 탄 호자 나스레딘은 오른손을 가슴에 대고, 왼손은 엄지와 검지를 맞붙인 채 웃음기 넘치는 얼굴을 위로 들어 올리고 있다. 맨발에 반쯤 벗겨진 신발에서 자유로움이 피어난다. 풍자의 상징이라더니 그의 동상을 보는 것만으로도 긴장이 풀리면서 마음속 깊은 곳에서 대범한 기운이 스멀스멀 올라온다. 그는 당시의 부조리를 풍자한 현자로, 우리나라에도 호자 나스레딘의 일화가 담긴 책이 출판되어 있다. 워낙 넓은 지역에서 전설처럼 전해지는 인물이라 일화가 약간씩 다르기는 하지만, 아미르 티무르와 얽힌 이런 일화도 있다.

어느 날 아미르 티무르가 호자 나스레딘을 길에서 만났을 때 호자에게 물었다.
"내가 이 지역을 다스린 뒤로는 페스트가 생기지 않았다네. 어떻게 생각하는가?"
호자 나스레딘은 이렇게 대답했다.
"신의 은총이지요. 신은 한곳에 두 가지 불행을 동시에 보내지 않아요."
풍자와 해학은 삶을 낯설게 보는 데서 생겨나는 것이다. 관습이나 관념에 얽매이지 않고, 기존 질서에 주눅 들지 않을 때 가능하다. 호자 나스레딘이 남긴 자세한 일화들은 잘 모르지만, 비록 오늘 동상으로나마 한 시대를 풍자하며 살았던 한 인간을 만날 수 있어서 행복했고, 그의 익살스러운 표정을 오래도록 기억하고 싶다.

호자가 서 있는 나무 그늘을 비롯해서 연못 주위를 천천히 둘러보는데, 오래된 뽕나무들이 아주 많이 있다. 여기뿐 아니라 부하라 도시 전체에 뽕나무가 많이 심어져 있다. 왜 여기에 뽕나무들이 많이 심겨져 있을까? 여기는 비단길, 실크로드다. 실크가 무엇인가? 비단이다. 비단을 만들기 위해서는 누에를 길러야 하는데 누에는 뽕나무를 먹고 자란다. 궁금증에 대한 해답이 풀렸다. 비단길이라서 그랬던 것이다.

여행 일정

▶ 히바 → 우르겐치 → 부하라
▶ 라비하우스 레스토랑
▶ 라비하우스 광장
호텔: Chor Minor Hotel

7day 아름답고 예쁜 도시 부하라

부하라는 고대부터 실크로드의 중심지로 번성했던 도시다. 그리스계 빅토리아 왕조 시절의 금화가 출토되었으며, 사마르칸트, 발흐(아프카니스탄의 고대 유적지)와 함께 불교가 매우 융성했던 지역이었다. 도시 이름 부하라는 '승려들이 모여서 수행하는 사찰'을 뜻하는 산스크리트어 비하라 혹은 바하라(Vihara, Vahara)에서 유래한 것으로 보인다.

부하라는 세계문화유산으로 등록되었는데, 세계문화유산답게 도시 전체가 박물관이다. 네 개의 첨탑 초르 미노르, 칼란 모스크와 첨탑이 있는 미르 이 아랍 마드라사, 왕의 궁전이라 부르는 부하라 아르크(Ark) 성채, 부하라 아르크의 육중한 성벽들, 왕들의 영묘 초르 바르크(Chor Brk), 여름 궁전이라 불리는 시토라이 모히호사(Sitorai Mohi

Xosa) 등등 웅장하고 아름다운 부하라 시내를 둘러봤다.

 부하라의 중심지 라비하우스를 천천히 걷고 있는데, 뚝뚝이 한 대가 우리 곁으로 다가왔다. 함께 부하라 시내를 관광하자고 한다. 요금은 20만 숨을 요구했다. 아내와 함께 뚝뚝이에 올라탔다. 먼저 간 곳은 초르 미노르다.

새색시같이 예쁜 탑 초르 미노르(Chor Minor)

 초르 미노르는 우리말로 '네 개의 첨탑'이라는 말이다. 초르는 숫자 넷을, 미노르는 첨탑이라는 뜻이다. 1807년 만들어진 이슬람 건축이다. 초르 미노르는 부하라 시내 중심에 있으며 구시가지 중심에서 1km 정도 떨어져 있다. 뚝뚝이를 타고 라비하우스에서 10여 분이면 도착한다. 이곳으로 가는 도중에 부하라 시민들의 사는 모습을 볼 수 있었다. 이른 아침이라 사람이 많지 않았는데, 아침 햇살과 함께 만난 초르 미노르는 마치 수줍음을 간직한 새색시처럼 예쁘게 웃고 있었다. 원래 마드라사의 일부였는데, 지금은 상점으로 사용하고 있었다. 내부 계단을 통해 2층과 옥상으로 올라갈 수 있다.

칼론 미나렛(Kalon Minaret, Mosque), 미르 이 아랍 마드라사 (Mir-i-Arab Madrasah)

 칼론 미나렛이 있는 이 광장은 포이 칼론(Po-i-Kalon)이라고 부른다. 포이 칼론은 '위대한 발'이라는 뜻으로 부하라 중심부 역할을 하는 이슬람 종교 단지이다. 칼론 광장(Po-i-Kalon) 또는 칼리안 광장(Po-i-Kalyan)이라고도 불린다. 8세기에 이곳에 모스크가 지어졌으나 칭기즈 칸에 의해 불타 버렸고 그 이후 복구되어 지금에 이르렀다. 총 3가지 건물로 구성되어 있는데, 칼론 미나렛, 모스크, 미르 이 아랍 마드라사(Mir-i-Arab Madrasa)다. 이른 아침이라 사람들이 많지 않고 한가해서 좋았다.

 칼론 미나렛은 페르시아어로 '웅장한 미나렛'이라는 뜻으로, 미나르 이 칼란(Minara-i-kalan)이라고도 알려져 있다. 1127년에 완공되었으며 높이는 45.6m다. 구운 벽돌로 쌓았으며 위쪽으로 갈수록 폭이 좁아지는 원통형 모양의 탑이다. 탑신을 14개 층으로 나누고 벽돌을 쌓아 위로 올라갈수록 각기 다른 모양을 구현해 냈다. 밤에는 꼭대기에 있는 16개의 아치형 창문에 등불을 밝혀 이슬람의 아잔을 알리게 했으며, 밤길이 보이지 않는 사막에서 방향을 알려 주어 실크로드 상인들에게 등대와 같은 역할을 하게 했다. 전시에는 적을 감시하는 망루로도 사용되었다고 한다. 범죄자들을 이 탑 꼭대기에서 아래로 던져 처형했기 때문에 '죽음의 탑'이라고도 부른다. 알려진 바에 따르면, 달걀의 흰자와 낙타의 젖을 반죽하여 만든 벽돌로 14층까지 쌓았으며 내부에는 나선형 계단 105개로 구성되어 있다고 한다. 꼭대기까지 올라가기 위해서는 내부의 나선형 계단을 이용해야 하기 때문에 힘이 많이 든다. 이 탑에는 다음과 같은 이야기가 전해지고 있다.

칭기즈 칸이 부하라를 점령하면서 수많은 사원을 파괴했다. 칭기즈 칸이 수장들과 함께 이 광장으로 와서 칼론 미나렛을 올려다보았는데, 미나렛이 워낙 높아서 올려다보던 칭기즈 칸의 모자가 갑자기 땅에 떨어지고 말았다. 칭기즈 칸은 허리를 굽혀서 땅에 떨어진 모자를 주웠는데, 그의 모습이 칸이 허리를 굽혀서 미나렛에 절을 하는 것처럼 보였다. 그때 '이 탑은 머리를 숙일 정도로 높은 탑이로다.'라는 생각이 그의 머리를 스쳐 지나갔다. 그래서 이 탑은 무너뜨리지 말고 그냥 두라고 했다고 한다. 그 때문에 탑이 파괴되지 않고 지금까지 보존되고 있는 것인지, 아니면 칼론 미나렛의 아름다움 때문에 그런 것인지는 알 수는 없지만 칼론 미나렛은 아직까지 잘 보존되고 있다.

칼론 모스크는 칼론 미나렛 옆에 있는 건물이다. 부하라 칸국 시절에 지어졌으며 모스크의 크기는 사마르칸트의 비비하눔 모스크와 대등하다. 이 모스크는 칭기즈 칸이 점령할 때 파괴돼서 16세기에 새로 건축한 모스크로 1만 명을 수용할 수 있다고 한다. 건축 양식은 288개의 돔과 208개의 기둥이 안마당을 감싸고 있다. 커다란 청색 타일로 이루어진 돔의 외부 장식이 독특하고 아름다웠다. 건물 외곽 통로가 넓어서 회랑을 다니다 보면 겹겹이 싸인 이완(Iwan)을 통과할 때마다 미로 속으로 빠져드는 느낌이 든다. 사진을 찍어도 끝이 보이지 않을 정도로 길어 착시 현상을 일으키기도 한다.

 칼론 미나렛을 정면으로 두고 왼쪽으로는 미르 이 아랍 마드라사가 있다. 마드라사 또한 위대한 건축물로 여름날 밤에는 젊은 연인들이 많이 찾는 곳이다. 이 건물에는 아랍 캘리그라피가 그려져 있다. 시타라(Sitara)라고 하는데 메카의 카바, 모스크, 마드라사에서 흔히 볼 수 있다. 이 마드라사는 우바이둘라 칸(Ubaidullah Khan)이 자신의 멘토인 셰이크 압둘라 야마니(Sheikh Abdullah Yamani)의 조언에 따라 지어진 건물인데, 멘토가 세상을 떠나자 그의 무덤을 마드라사 안에 만들었다고 한다.

부하라의 성 아르크(Bukhara Ark Citadel)

 아르크는 '커다란 성'이라는 뜻이다. 부하라의 왕들이 살았던 부하라의 옛 성이다. 7세기에 처음으로 지어져 몽골, 투르크족의 잦은 침략으로 파괴와 재건이 반복적으로 이루어졌으며 망기트 왕조(Manghit Dynasty, 1747~1920) 시대에 이르러 지금의 모습을 갖추었다.

정문 양쪽 미나렛과 그 사이 흰색 벽, 그 위에 있는 회랑이 독특하며, 둘레 780m, 높이 20m의 흙벽돌로 쌓아진 견고한 성이다. 1920년대 소련의 붉은 군대의 공격에 의해 많이 훼손되었다가 1980년 일부는 복원되고 일부는 그대로 남은 채 지금에 이르고 있다. 내부에는 과거 예배 장소로 사용되었던 공간이며 아치형으로 꾸며진 벽면이 이슬람 관련 건축물의 메카 역할을 하고 있다. 이곳엔 아랍어로 된 캘리그라피가 독특한 아름다움을 선사한다. 이곳 역시 또 하나의 박물관으로 우즈베크 사람들이 과거부터 사랑했던 옥색의 고급스러운 도자기들이 이 성의 아름답고 화려했던 왕조 시대를 비춰 주고 있었다.

숙소로 돌아와 아침 식사를 마치자, 어제 관광 예약을 했던 택시가 도착했다. 택시 운전기사는 자콘길인데, 아내와 두 명의 자녀를 둔 건실한 가장이다. 성실하고 친절하다. 부하라 역사를 간직한 세 곳과 점심 식사, 기차역까지 우리를 데려다줄 운전기사 겸 오늘의 여행 가이드이다. 그를 믿고 부하라 여행을 시작했다.

초르 바크르(Chor Bakr)

먼저 간 곳, 초르 바크르는 10세기에서 18세기까지 이곳을 다스렸던 사람들의 영묘가 있는 곳이다. 어느 곳이나 정말 질서 정연하고 깨끗하게 잘 정돈되어 있다. 들어가는 입구 왼쪽에는 자두 과수원이 있는데, 튼실한 열매가 많이 달려 있다. 주인에게 얘기하고, 한 개를 따 먹었는데 정말 맛있었다. 그리고 정문 바로 앞에 우물이 있는데 우물에서 나오는 물맛도 꽤 괜찮으니 이곳을 방문한다면 꼭 마셔 보길 권한다.

쿠켈다쉬 마드라사(Kukeldash Madrasah)

쿠켈다쉬 마드라사는 라비하우스 북측에 위치한 마드라사로, 1569년에 건립되었다. 당시의 유명한 관리 쿨바바 코켈의 이름을 따서 만들어졌다고 한다. 부하라에서 가장 큰 마드라사 중 하나로, 160개의 숙소가 있으며 화려하지 않고 절제된 건축 양식이 특징이다.

여름 궁전 시토라이 모히호사(Sitorai Mokhi Khosa)

시토라이 모히호사는 여름 궁전이라고 불리는 곳이다. 여름 궁전으로 들어가는 입구부터 이슬람 건축의 대표적인 아라베스크 무늬로 꾸며져 있다. 19세기 부하라 칸국의 마지막 지도자였던 사이드 미르 무함마드 알리 칸 때 지어진 여름 별장용 주거지다. 그가 이곳에 별장을 지으면서 아내의 이름 시토라(Sitora)를 따서 시토라이 모히호사라는 이름을 붙였는데, '달과 별이 만나는 장소'라는 뜻이라고 한다.

1927년, 이 궁전이 지어지고 얼마 지나지 않아 부하라 칸국이 망하고 박물관으로 바뀌어 현재에 이르고 있다. 박물관이라서 입구에서는 입장료 4만 숨을 받고 있었다. 부하라에 있는 유적지는 대부분 상인들이 가게로 운영하고 있는데, 이곳에서도 입구에 들어서면 상인들이 생필품과 옷가지들을 걸어 놓고 팔고 있었다. 가게를 지나 안뜰로 들어가면 왕의 접견실과 여러 개의 방이 있다. 방마다 화려하고 고급스러워 보이는 집기와 장식품들이 진열되어 있어서 당시 왕들의 생활 모습을 짐작해 볼 수 있다.

왕이 거처했던 궁전 뒤쪽에는 후궁들의 처소였던 하렘이 있다. 왕과의 만남을 기다리며 카펫을 짜고 수를 놓았을 후궁들의 안타까운 모습이 그려지는 곳이기도 하다. 후궁들의 애환이 깃든 곳이라서 그런 것인지 안쪽에 있는 가게에는 유난히 카펫이 더 많은 것처럼 느껴졌다. 왕들이 기거하던 궁전과 하렘 사이에는 조그만 연못이 있는데, 왕조 당시에는 이 연못에서 후궁들이 목욕을 했고, 후궁들이 목욕하는 것을 보던 왕이 그날 밤 함께 보낼 후궁에게 사과를 전해 주었다는 이야기가 전해지고 있다.

북쪽 건물은 N 자 구조를 하고 있는데 국내외 귀빈을 맞이하는 공간이었으며, 무척 화려한 모습이 당시의 모습을 남겨 놓은 것 같았다. 오른쪽은 오픈되어 있고, 왼쪽에는 예쁘고 다양한 당시의 전시물들이 진열되어 있다.

하렘으로 가는 길엔 그림을 팔고, 카펫을 파는 상점들이 있다. 그 상점들 옆에 차와 음료를 파는 작은 카페가 있다. 탁자 위에는 예쁜 그릇들이 놓여 있다. 날도 덥고 좀 쉬어 가려고 이곳에서 애플주스를 주문했는데 직접 만들어 주지 않고, 예쁜 점원 아가씨가 옆 가게에 가서 사다 줬다. 이곳에서 마신 애플주스는 잠시나마 무더위를 잊게 해 준 청량음료였다.

사마르칸트행 고속 전철

점심 식사 후 부하라에서 사마르칸트로 가는 기차를 탔다. 기차는 고속 전철이다. 사마르칸트까지는 1시간 43분이 소요된다. 기차가 빠르고 깨끗해서 마치 KTX를 탄 것 같은 착각을 갖게 했지만, 이 열차는 분명히 부하라에서 사마르칸트로 가고 있었다. 오후 2시 34분에 출발한 기차는 정확히 4시 17분에 사마르칸트역에 도착했다. 약속을 잘 지킨다는 것은 그만큼 믿음을 갖게 한다. 우즈베크인들의 성실하고 믿음직한 모습이 열차 시각에서도 잘 보여 주고 있었다. 언젠가는 이곳 우즈베크인들이 아름답고 더 좋은 세상을 만들어 갈 것이라는 믿음이 갔다.

호텔 니소(Hotel Niso)와 레스토랑 샤슬릭우즈(Shashlikuz)

역 밖으로 나오자, 여기에서도 택시 호객이 있다. 얀덱스 고 택시를 불러 타고 숙소인 니소 호텔(Niso Hotel)로 향했다. 20분쯤 택시를 타면 도착한다. 요금은 2만 숨이다. 니소 호텔은 레기스탄 광장 뒤쪽에 있다. 호텔은 겉모습도 아름다웠지만 안쪽도 무척 깨끗하고 넓었다. 단 인터넷이 잘 터지질 않는다는 단점이 있었다. 방에 들어가니 에어컨이 빵빵하게 켜져 있다. 더위에 지친 몸을 잠시나마 쉴 수 있어서 좋았다. 휴식 후 저녁 식사를 하기 위해 호텔을 나섰다. 호텔 앞에 바로 커다란 레스토랑이 있다. 안으로 들어서면 큰 분수가 하나 있고, 그 분수 주변에 식탁이 놓여 있다. 분수 앞 식탁에서의 저녁 식사는 한여름의 무더위를 식혀 줬다.

시원한 맥주 한잔을 마시고 싶은데, 팔지 않는다고 한다. 이곳은 이슬람 지역이라서 그런지 크고 아름다운 레스토랑에서도 대부분 술을 팔지 않는다. 아쉬움을 뒤로 한 채 맥주 없이 저녁 식사를 마쳤다. 그런데 옆 식탁엔 맥주잔이 놓여 있다. 어떻게 된 것이냐고 물었고, 종업원에게 잘 얘기했더니 가져다주었다. 처음엔 한 잔도 안 된다고 하더니, 자꾸 졸라 한 병이 두 병, 두 병이 세 병이 되었고 결국엔 다섯 병이나 가져다주었다. 그렇게 해서 일행들과 함께 시원한 맥주를 마시며 더위도 식힐 수 있었다.

야경을 보기 위해 레기스탄 광장으로 향했다. 많은 사람들이 광장 앞에 모여 있었다. 커다란 모스크를 바라보며 기도하는 사람, 모스크를 바라보고 얘기를 나누는 사람, 가족과 함께 나들이 나온 사람, 우리처럼 여행을 온 사람 등등 각양각색의 사람들이 모여 아름답게 빛나는 레기스탄 광장 주위에 놓인 모스크들을 바라보고 있었다. 야경이 정말 아름다웠다.

여행 일정

▶ 초르 미노르

▶ 칼론 미나렛, 모스크

▶ 미르 이 아랍 마드라사

▶ 부하라 아르크성

▶ 초르 바르크

▶ 쿠켈다쉬 마드라사

▶ 여름 궁전 시토라이 모히호사

▶ 사마르칸트행 고속 전철

▶ 레스토랑 샤슬릭우즈

숙소: Niso Hotel

우즈베키스탄 IV
Samarkand

우즈베키스탄 제2의 도시
중앙아시아에서 가장 살기 좋은 도시라서
아미르 타무르가 가장 좋아했다는 사마르칸트가 좋다.

5. 실크로드의 중심지 사마르칸트

8day 한여름의 사마르칸트 여행

　사마르칸트는 우즈베키스탄의 제2 도시로 실크로드의 중심 도시이다. 바빌론과 로마와 같은 시대에 형성되었다. 2001년 유네스코 세계문화유산으로 지정되었으며, 서역과 중국의 실크로드 중간에 위치해 이슬람 연구의 중심이 되기도 했다. 1220년 칭기즈 칸에 의해 패망했지만, 11세기 티무르 왕조가 다시 사마르칸트를 일으켜 동방의 로마로 키우고자 하였다. 타슈켄트에서 택시로 5시간, 고속 열차로 2시간 30분이 걸린다. 사마르칸트에는 국제공항이 있으며, 에어 사마르칸트 항공이 유럽과 아시아 국가들로 운항 중이다.

　사마르칸트 투어는 먼저 Niso 호텔에서부터 시작한다. 레기스탄 광장 뒷길을 걸어서 Imran & Bek Guest House 앞까지 간다. 그곳에서 투어 버스가 출발하기 때문이다. 사마르칸트에는 구르 아미르 영묘를 시작으로 레기스탄 광장, 비비하눔 모스크, 아프로시압 박물관, 울루그 베그 천문대, 코니길 제지 공장, 살아 있는 왕의 무덤 샤히진다 등등 다양한 볼거리가 있다.

구르 아미르(Gur-e Amir Timur)

현재 사마르칸트에 남아 있는 대부분의 유적지는 바로 아미르 티무르 시절에 건축된 것으로, 티무르가 청색을 유난히 좋아했던 탓에 사마르칸트 대부분의 유적들이 청색을 띠고 있다. 먼저 입장권을 사서 아미르 티무르가 잠들어 있는 영묘 안으로 들어갔다.

구르 아미르에서 '구르'는 무덤, '아미르'는 왕이라는 뜻으로 '왕의 무덤'이라는 페르시아어다. 구르 아미르는 정문과 본당, 돔 미나렛으로 이루어져 있다. 정문에는 아름다운 아라베스크 문양이 새겨져 있어 많은 사람의 눈길을 끌었다. 청색 돔인 본당 건물은 63개의 주름으로 이루어져 있는데 63세에 죽은 이슬람 창시자 마호메트 선종의 나이를 상징한다고 한다. 그 당시 뛰어난 염색술 덕분에 600년이 흐른 지금까지도 청색의 타일이 아름다움을 뽐내고 있다.

티무르는 총애하던 손자 무하마드 술탄(Muhammad Sultan)이 1403년 29세의 나이로 사망하자 그를 위해 이 무덤을 만들었다. 이곳에 1405년 티무르 자신도 사망하여 묻혔고, 나중에 그의 아들 미란 샤(Miran 노모)와 샤 루크(Shah Rukh), 티무르의 친구이고 스승이기도 했던 사이드 바라카(Sayyid Barakah), 천문학자였던 티무르의 손자 울루그 베그, 압둘라흐만, 증손자 압둘로가 묻혔다. 이곳에는 이들 8명의 관이 놓여 있지만 실제 관은 지하에 매장되어 있다. 실제 티무르의 관은 손자 무하마드 술탄이나 스승인 사이드 바라카의 관보다 크기가 작고 모양도 소박하다. 구르 아미르에는 벽과 천장의 아름다운 문양을 만들기 위해 8kg의 황금을 사용했다고 하는데, 벽과 천장의 아라베스크 문양으로 당시 탁월한 건축 기술을 엿볼 수 있다. 미나렛은 원래 4개였으나 2개는 소실되고 지금은 2개만 남아 있다.

이곳에 있는 검은 돌로 만들어진 티무르의 관에는 '내가 이 무덤에서 나오게 된다면 세상에는 커다란 재앙이 일어날 것이다.'라는 문장이 새겨져 있어서 아무도 그의 관을 열지 못했다고 한다. 그러다가 1941년 6월 19일 소련의 과학자가 그의 관을 조사하면서 관이 개봉되었고, 티무르는 키가 172cm로 절름발이였으며 울루그 베그는 머리와 몸통이 분리되어 있었다는 사실이 밝혀졌다.

중앙아시아의 타지마할 레기스탄(Registan)

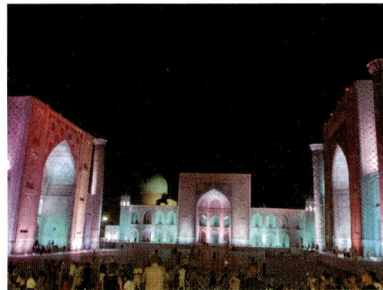

레기스탄은 이슬람의 성지이다. 인도에 타지마할이 있다면 우즈베키스탄에는 레기스탄이 있다. 어느 것이 더 아름다운지는 말로 표현할 수 없지만, 사마르칸트를 상징하는 대표적인 명소이다. '모래땅'이란 뜻을 가지고 있다. 이 광장은 옛날에 모래로 뒤덮인 사막이었다. 여기에서는 알현식, 사열식 등 각종 행사가 열렸고, 죄인들의 처형이 이루어졌으며, 티무르 시대에는 노천시장이 열리기도 했다고 한다. 어젯밤에 왔을 때는 많은 사람들이 몰려들어 야경과 함께 축제의 분위기를 연출했는데, 낮에 와 보니 조용하고 한가했다. 광대하게 지어진 모스크를 중심으로 넓게 펼쳐진 광장을 바라보며 이곳에 앉아 대략 1시간 정도를 머물렀다. 지나가는 사람들이 함께 사진을 찍자고 하기도 하고, 한국인이

냐고 말을 걸어오기도 했다. 광장 앞 왼쪽 정원엔 수백 년이 넘을 듯한 플라타너스 나무들이 그늘을 만들고 있다. 광장 앞 플라타너스가 만들어 준 그늘 덕분에 시원한 바람이 30도가 훨씬 넘는 이곳의 무더위를 식혀 주고 있다.

광장 안으로 들어서면 이슬람 학교 마드라사가 3개 있다. 광장 왼쪽에는 울루그 베그 마드라사, 오른쪽에는 세르도르 마드라사, 가운데에는 틸라코리 마드라사가 있다. 마드라사는 젊은이들에게 이슬람 교리를 가르치는 고등 교육 시설이다. 울루그 베그는 티무르의 손자로 천문학의 황제이며 아랍어, 페르시아어, 몽골어와 중국어 등 5개의 언어에 능통했다고 한다. 틸라코리는 금 세공인이라는 뜻을 가진 금장식이 아름다운 마드라사다. 세르도르는 사자라는 의미의 마드라사로 정면에 사자, 사람 얼굴, 노루 등이 그려져 있다. 교과로는 문법, 논리학, 수사학을 비롯한 교양 과목을 비롯해 법, 전통 수학, 문학, 역사, 고급 문법, 예배 시간 계산법, 약학과 농학 등을 가르쳤다.

우즈베키스탄의 50숨짜리 지폐에도 등장하는 레기스탄에서는 국가의 대규모 경축 행사나 명절, 기념일 행사 등이 열리고 있다. 겨울을 제외하고 매주 목, 토, 일요일 밤이면 '소리와 빛의 제전'이 열린다고 한다.

비비하눔 모스크(Bibi Khanym Mosque)와 시욥 바자르(Siyob Bazaar)

비비하눔 모스크는 레기스탄 광장에서 멀지 않은 곳에 위치해 있고, 사마르칸트에서 가장 유명한 명소로 손꼽히는 건축물이다. 비비하눔 모스크를 건축한 티무르왕은 여러 아내를 거느리고 살았는데, 그들 중 비비하눔을 가장 총애했다고 한다. 이곳은 티무르왕이 비비하눔에 대한 소중한 추억을 영원히 간직하기 위해 건설한 엄청난 규모의 사원으로 이곳에는 그녀가 잠들어 있다. 비비하눔 모스크 앞에 이르면 그 높이에 압도된다.

비비하눔 모스크 근처에는 제법 큰 시장이 있다. 이 시장의 이름은 시욥 바자르다. 600년 전부터 이 모스크 주변에는 상인들이 모여들어

거대한 시장을 만들었다. 시욥 바자르는 사마르칸트에서 제일 큰 재래시장이다. 입구에 들어서면 오디주스를 파는 아주머니가 있다. 오디주스는 이곳 제철 과일인 오디로 만든 음료인데 새콤달콤하니 아주 맛있다. 이 바자르에 들렀다면 제철인 오디주스(2만 5천 숨)를 꼭 먹어 보자. 이 시장에서 파는 물건 중에는 견과류 종류가 엄청 다양해서 둘러보는 데만도 많은 시간이 소요된다.

아프로시압 박물관

아프로시압 박물관은 거대한 1층 건물로, 이곳에서 발견된 유물은 실크로드의 번영을 잘 보여 준다. 보석이나 동전 등을 통해 볼 수 있지만, 이 중에서도 7세기경에 그려진 벽화가 그 당시의 번영하던 모습을 가장 잘 묘사했다. 조우관을 쓴 고구려 신하들의 벽화도 볼 수 있다. 박물관을 나와 앞으로 걷다 보면 '실크로드 우호협력 기념비'라는 한국어로 새겨진 비석이 있는데, 우리나라와 우즈베크와의 관계가 돈

독함을 알 수 있게 해 준다. 가슴이 뭉클했다. 이 박물관의 환경 개선은 2024년 3월 대한민국 ODA(Official Development Assistance) 사업으로 진행된 것이다.

울루그 베그 천문대

울루그 베그 천문대는 1428~1429년에 걸쳐 티무르 손자인 울루그

베그에 의해 건축되었으나, 그의 사후 내분에 의해 일부분이 붕괴되었다. 현재 천문대의 기본 골격과 6각형 천체관측기의 지하 부분이 남아 있다. 당시에는 거대한 대리석으로 높이 40m의 관측 돔이 있었다. 태양, 달, 행성의 기간과 1분 정도의 차이밖에 없었다고 한다. 울루그 베그는 티무르의 손자이자, 위대한 학자, 천문가, 정치가였다. 특히, 그가 이룩한 천문학적인 업적은 오늘날에도 높이 평가될 만큼 뛰어난 것이었다. 울루그 베그가 세웠던 천문대는 20세기 들어 발굴됐는데, 당시 페르시아 등지에서 저명한 천문학자들이 모여들었다고 한다. 거대한 규모의 육분의(별들의 거리를 측정하는 기구)를 통해 놀랄 만큼 정밀한 천문 관측이 이뤄졌으며 이 성과는 17세기 유럽으로 전파됐다. 아직도 언덕의 정상에는 작은 박물관과 육분의 지하가 남아 있어 그 당시 울루그 베그의 천문학적 위상을 짐작할 수 있었다.

살아 있는 왕의 무덤 '샤히진다(Shah-i-Zinda)'

사마르칸트의 마지막 여정으로 샤히진다에 간다. 샤히진다는 티무르 시대의 공동묘지다. '살아 있는 왕'이란 의미로 아프로시압 언덕 남쪽에 위치한 사마르칸트 제일의 성지다. 표(4만 숨)를 사서 언덕을 오르면 길게 거리를 만들며 영묘들이 쭉 늘어서 있다. 건물들 사이로 불어오는 맑은 바람이 더위를 식혀 준다.

 이곳엔 이슬람 예언자 쿠삼 이븐 압바스(Qusam ibn Abbas)와 티무르의 가족, 울루그 베그의 스승 등이 안치되어 있다. 샤히진다에는 전설이 전해져 오고 있는데, 7세기 사람 쿠삼 이븐 압바스가 조로아스터교를 전파하기 위해 이곳 사마르칸트에 왔다가 처형을 당했지만, 그의 잘린 목을 들고 우물로 들어가서 지금까지도 죽지 않고 살아 있다고 한다. 그로 인해서 '살아 있는 왕'이라는 의미를 지닌 '샤히진다'가 이곳의 이름이 되었다고 한다.

　샤히진다는 아름다운 아라베스크 장식의 화려한 영묘들이 많은 곳으로 이슬람 건축을 좋아하는 여행자라면 반드시 들러야 할 명소다. 이슬람 지역을 여행할 땐 어디에서나 마찬가지이지만, 이곳도 성스러운 공간으로 여기는 곳이라 반바지나 민소매 출입은 금지하고 있다. 이곳엔 먼 옛날부터 지금까지 만들어진 유명인과 귀족들의 무덤이 많다. 아름다운 건축물 안에 무덤을 만들었던 이슬람 성인들을 만날 수 있는 장소다.

양고기샤슬릭 레스토랑 'LABI G'OR'

숙소에 들러 잠시 휴식을 취한 뒤, 레기스탄 앞쪽에 쭉 늘어진 음식 거리로 갔다. 도보로 10분쯤 걸린다. 이곳에 양고기를 구워 주는 음식점이 있다. 'LABI G'OR'이라는 간판이 있는 현지 음식점이다. 고기가 신선하고 숯불에 구워 주기 때문에 아주 맛있다. 사마르칸트에서 먹어 본 음식들 중에 최고였다. 술을 좋아하는 사람이라면 보드카나 맥주를 함께 먹어도 좋을 것 같다. 처음에는 일행 6명이 노상에서 음식을 먹고 있었는데, 나중에 두 명이 더 합류해서 8명이 맛있는 저녁 식사를 했다. 최고급 양갈비 한 쪽에 3만 5천 숨(한화 3천8백 원)이다. 8명이 먹은 음식값은 총 1백50만 숨(한화 약 17만 원)이었다.

코니길(Koni Ghil) 제지 공장

여행이 끝나고도 사마르칸트 하면 오래도록 기억나는 곳이 있다. 시내 외곽 코니길 마을에 있는 제지 공장이다. 지금은 종이 제조 기술이 발달하여 별로 보급되진 않지만 몇몇 아낙들의 손에 의해 옛 기술이 전해지고 있는 것은 다행이었다. 옛날 중국이 독점하던 제지 기술이 어찌어찌하여 우즈베키스탄에 전파되고 이 제지 공장이 생기면서부터 코란이 대량으로 보급되기 시작했다. 이슬람 문화가 중앙아시아는 물론 중동에까지 급격하게 팽창하게 된 계기가 된 곳이다.

이곳에서 종이는 뽕나무 껍질로 만드는데, 뽕나무 껍질을 벗겨서 푹 삶은 다음 방아에 넣고 찧는 작업을 반복한다. 이때 수력을 이용하여 물레방아로 종이의 원료인 뽕나무 껍질을 부드럽게 찧어 낸다. 뽕나무 껍질로 만든 상피지(桑皮紙)는 전체적으로 두껍고 투박한 편이나 닥나무로 만든 한지(韓紙)가 더 얇고 부드러우며 질기다.

여행 일정

▶ 구르 아미르
▶ 레기스탄 광장
▶ 비비하눔 모스크, 시욥 바자르
▶ 아프로시압 박물관
▶ 울루그 베그 천문대
▶ 샤히진다
▶ 코니길 제지 공장
▶ 샤슬릭 레스토랑 LABI G'OR

숙소: Niso Hotel

Dushanbet

타지기스탄의 수도 두샨베는 비록 작은 도시지만
아름다운 오페라 하우스와 한가하고 예쁜 루다키 공원이 있는 도시이자
세계의 지붕 파미르고원으로 가는 출발지점이다.

9day 파미르고원의 출발지, 두샨베 가는 길

우즈베키스탄은 면적이 넓어서 그런지 여기저기에 넓고 푸른 공원이 많다. 호텔을 나와 산책을 했다. 공원이 참 넓고 신선한 공기로 가득하다. 이른 아침이라 공원은 조용하고 한가했다. 공원 주변에 기념품을 파는 상점이 많은 것으로 봐서 여행객들이 많이 찾는 거리인 것 같다. 푸른빛 플라타너스와 마로니에 숲으로 이루어진 아침 공원은 정말 아름답다.

타지키스탄으로 가는 국경

서둘러 아침을 먹고 호텔을 나오니, 어제 시티 투어 때 이용했던 버스가 호텔 밖에 도착해 있었다. 오늘은 타지키스탄으로 가야 한다. 이 버스를 타고 국경까지 가는 데 1시간쯤 소요된다. 국경까지 가는 또 다른 방법은 합승 택시를 타는 것이다. 택시비는 1인당 5~6달러쯤 한다. 우리 일행은 17명이라서 버스를 렌트했기 때문에 1인당 6불을 지불했다. 버스는 정확히 1시간 후에 국경 인근에 도착했다. 버스에서 내려 출국 심사를 받아야 한다. 이미그레이션이 비좁고 업무를 보는 직원도 2명밖에 없어서 그런지 무척 더디게 심사가 이루어졌다. 출국 심사를 마치고 200여 m를 걸어가면 이제 타지키스탄으로 입국하기 위한 입국 심사가 이루어진다. 여기는 직원이 1명밖에 없었다. 입국이 더욱 더딜 수밖에 없다. 출입국 심사를 마치고 나니 1시간이 훌쩍 지나갔다.

입국 심사를 마치고 짐을 검사하고 나오면 바로 왼쪽에 환전소가 있다. 타지키스탄의 화폐는 소모니라고 불리는데, 오늘 환율은 달러당 10.6소모니였다. 우리 돈으로 다시 환산하면 1소모니는 약 125원 정도다. 환전을 하고 입국 심사대를 통과하면 택시들이 흥정을 기다리고 있다. 우리 일행은 국경에서 두샨베까지 1인당 200소모니(한화 2만 5천 원)에 흥정을 마쳤다. 이곳에서 수도인 두샨베까지는 5시간이 소요된다.

멀고도 험한 여행, 두샨베로 가는 길

두샨베까지 가는 길은 무척 험하다. 좌우는 자갈로 이루어진 돌산이고, 그 가운데 설산에서 흐르는 물이 강을 이루고 있다. 깊은 곳은 천 길 낭떠러지도 있다. 택시 기사는 곡예를 하듯 운전을 했다. 자칫 잘못 하다간 차가 천 길 낭떠러지로 떨어질 수도 있었다. 오후 2시쯤 길 모퉁이에 있는 식당엘 들렀다. 점심때가 지나서 배가 고팠다. 식당 메뉴는 양고기 250g 한 접시와 식사용 빵, 차 한 잔이 고작이다. 밥값은 45소모니(한화 약 5천6백 원)이다. 식사로 나온 고기는 삶은 양고기인데, 250g도 4인분이라 양이 많았다. 삶은 양고기라서 그런지 많이 먹을 수가 없었다. 반도 먹지 못하고 남겼다. 정말 아깝다.

두샨베까지 가는 길엔 띄엄띄엄 마을이 모여 있다. 궁금한 것은, 논이나 밭도 없고, 양이나 말도 보이지 않는데, 이곳 사람들은 무엇으로 먹고사는 것일까. 한 끼 식사 값도 우즈베크에 비하면 무척 비쌌다. 두샨베는 타지키스탄의 수도이긴 하지만 무척 작은 도시다. 산으로 사방이 둘러싸여 도시의 끝을 볼 수 있을 정도로 작다.

  국경을 통과해서 6시간가량 택시를 타고 오다 보니 무척 피곤했다. 숙소에서는 씻고 쉬기에도 무척 불편했다. 일단 가방만 객실에 넣어 두고 유심을 갈아 끼우기 위해 밖으로 나갔다. 이곳 유심은 일주일 사용하는 데 100소모니(한화 1만 2천5백 원)다. Yellow Hostel에서 시내 쪽으로 걸어 나오면 왼쪽에 '마싯따'라는 한국 음식점이 있는데, 코너를 돌면 바로 SK모바일 표지판이 보인다. 유심을 갈아 끼우고 슈퍼마켓에 들렀다. 물건값이 제법 비쌌다. 별로 산 것도 없는데 285소모니, 우즈베크에 비해 물가가 많이 비쌌다.

분수가 아름다운 오페라 하우스

  아미 스트리트 아미 호텔(Amy Hotel)에서 루다키 거리 쪽으로 300m쯤 걷다 보면 오페라 하우스가 있다. 불빛에 빛나는 오페라 하우스의 모습은 정말 아름답다. 그 앞에 분수가 뿜어져 나와 더운 열기를 식혀 주고 아름다움까지 선사하니, 해가 지고 어둑어둑해지면 그곳에 가 보자. 더위도 피하고 힐링도 하는 일석이조의 기쁨을 얻게 될 것이다. 분수 중앙에는 커다란 동상이 서 있다. 이 동상과 분수 쇼, 아름다운 오페라 하우스가 어우러지며 만들어 내는 분위기가 사람들의 발길을 멈추게 했다.

사르비아 꽃밭 루다키 공원(Rudaki Park)

따가운 햇살이 잦아들 즈음, 저녁 7시에 택시를 타고 루다키 거리로 향했다. 루다키 거리는 두샨베의 중심지에 있는 거리다. 거리 중심엔 타지키스탄을 설립한 이스모일 소모니 동상이 있고, 그 양옆으로 루다키 공원이 잘 조성되어 있다. 이 공원은 타지키스탄 출신 페르시아의 중세 시인 루다키의 이름을 따서 만들어졌다. 공원 앞에는 루다키 동상이 있는데, 루다키는 타지키스탄에서 많은 존경을 받는 인물이라고 한다.

공원에는 푸른 잔디밭과 아름다운 꽃이 많다. 공원은 깔끔하게 잘 조성되어 있다. 무엇보다 아름다웠던 것은 공원에 들어서면 루다키 동상 옆에 빨갛게 뒤덮인 사루비아 꽃밭이었다. 공원 안에는 작은 호수도 있어서 산책하기에도 좋다. 가족이나 친구들과 함께 피크닉을 즐기거나 여유로운 시간을 보내기에 안성맞춤이다. 석양이 비치는 루다키 공원은 이곳 사람들이 산책하기에 참 좋은 곳이다. 두샨베 중심에 위치한 루다키 공원은 아름다운 풍경과 장미 향이 가득하고, 특히 야간 조명이 좋은 곳이니 밤에 방문하기를 추천한다.

다소 불편하지만 호사스러운 옐로우 호스텔(Yellow Hostel)

　옐로우 호스텔은 잠자리도 불편하고, 욕실도 침실과 분리되어 있다. 침대 1개에 1일 밤 10불 정도 하는 도미토리 숙소다. 객실 하나에서 4명이 자려고 하니 불편한 점이 많다. 아침 식사도 기대하지 말아야 한다. 호텔 출입문도 철제 대문으로 출입이 아주 불편하다. 단지 하나 좋은 것은 와이파이가 잘 터져서 그동안 밀렸던 블로그를 작성할 수 있었다는 것뿐이었다. 숙소에 대한 이용객의 댓글 후기도 좋지 않다. 하지만 어찌 생각해 보면 10달러의 가격으로 잠도 재워 주지, 씻고 아침 식사도 제공하지, 에어컨도 잘 나오지. 이 정도의 혜택이면 '호사를 누리는 것은 아닐까?'라는 생각도 든다.

여행 일정

▶ 국경 → 두샨베

▶ 두샨베 오페라 하우스

▶ 루다키 공원

숙소: Yellow Hostel

Tajikistan

멀고 험하지만 아름다운 세계의 지붕 파미르고원이 있는 나라
순박하고 한없이 착한 사람들이 사는 나라
나는 이 나라의 매력에 흠뻑 빠졌다.

6. 멀지만 아름다운
파미르고원 길

10day '바미두냐'로 가는 아름답고 뜨거운 길

두샨베 맛집 한국 음식점 '마싯따'

　두샨베 아미 스트리트(Amy street) 힐튼 호텔 건너편에는 한국 음식점 '마싯따'가 있다. 한국인이 직접 운영하는 식당이다. 대표 메뉴는 돌솥비빔밥과 갈비탕이다. 이 메뉴 외에도 돌판불고기, 김밥, 비빔밥,

라면, 콩국수 등 다양한 메뉴를 선보이고 있다. 이곳에서 유명한 맛집이라 많은 사람들이 자리를 차지하고 있었다. 어제 저녁, 오늘 점심, 저녁 세 번이나 찾아갔다. 만족도는 물론 갈 때마다 최고였다.

맛있는 빵 '난'을 만드는 두샨베 빵집

타지키스탄 사람들은 빵을 세계에서 제일 잘 만드는 사람들이다. 그린 하우스 호스텔 앞에는 이곳 사람들이 자주 먹는 빵, 난을 굽는 조그만 빵집이 있다. 하루에 10번 빵을 굽는다는 이곳 주인 사브달 씨는 "사람이 빵 없이 살 수 없다. 빵 없는 인생은 있을 수 없다. 타지키스탄 사람들은 세계에서 빵을 가장 잘 굽는다. 우리는 늘 우리에게 제일 맛있는 빵을 굽게 해 준 신께 감사한다. 우리는 나이 많은 어르신을 존중하는 전통을 가진 민족이다."라며 자부심을 드러냈다. 오전에 그린 하우스 호스텔에 갔다 오면서 잠시 들렀는데, 그때도 빵을 굽고 있었다. 이곳에서 파는 빵은 막 구워서 아주 부드럽고 맛이 고소하다. 방금 전에 빵을 굽고 있는 것을 보았기 때문에 잠깐 방에 들렀다가 빵을 사기 위해 빵집으로 갔더니 그새 다 팔리고 없었다. 그만큼 인기 있는 빵집이다. 다시 1시간 30분을 기다린 후에야 빵 2개를 살 수 있었다.

두샨베에서의 우연한 인연

숙소로 돌아오다가 말레이시아에서 왔다는 우메드 루스타모브(Umed Rustamov) 가족을 만났다. 이곳 친척 집에 두 달간 와 있다고 했다. 그들이 머무르는 곳을 좀 볼 수 있냐고 했더니 흔쾌히 허락했다. 그들을 따라 그들이 사는 곳으로 갔는데 집 안에는 마당 가운데 커다란 수영장이 자리하고 있었다. 주인은 아주 반갑게 우리를 반겼다. 잠깐이나마 그들이 사는 모습을 들여다볼 수 있었다. 여행 중에 가장 기억이 나는 것이 현지인들의 집을 방문해 보는 것인데, 오늘도 행운이 따랐다.

주인은 우리가 집에서 나오려고 하자 과일과 초콜릿이 가득 담긴 봉지를 우리에게 건네줬다. 이곳 사람들도 손님을 대접하는 모습이 우즈베크 사람들처럼 정이 많고 따뜻하다. 말레시아 친구 우메드는 "말레시아에도 방문해 주길 바란다."라면서 전화번호와 인스타그램 계정까지 알려 주었다.

고성 히소르(Khisor)

두샨베 도심에서 30분 정도 택시를 타고 가면 히소르라는 타지키스탄의 고성이 있다. 입장료는 현지인은 2소모니, 외국인은 10소모니다. 히소르는 타지키스탄 서부 공화국 직할구의 도시로, 두샨베에서 서쪽으로 약 15km 떨어진 곳에 위치하며 해발 824m에 달한다. 인구는 2만 2천여 명이며 타지크인 82%, 우즈베크인 12% 러시아인과 그 외 민족이 6%를 차지한다. 1993년에 시로 승격되었다. 이곳에서 오늘 한 쌍의 부부가 탄생했다. 결혼식을 이런 곳에서 볼 수 있다는 것도 행운이다.

파미르고원 통행증

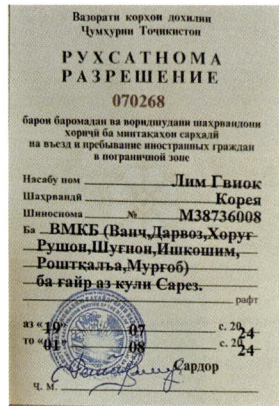

타지키스탄은 과거 소련 시절의 분위기를 고스란히 가지고 있다. 이곳을 여행하는 것은 매우 까다롭다. 따라서 파미르로 들어가는 입구인 아프가니스탄 국경을 여행하기 위해서는 타지키스탄 국방부에서 발행하는 GBAO(Goron Badakshan) 통행증이 필요하다. 통행증은 두샨베에 있는 현지 여행사에서 받을 수 있다. 수년 전만 하더라도 통행증을 신청하고서 받는 데 한 달이 넘게 걸렸다. 여행자들의 규제가 완화되면서 지금은 하루면 발급받을 수 있지만, 아직도 여행자들이 쉽게 접근할 수 있는 곳이 아니다.

파미르고원을 여행하기 위해서는 5개의 검문소를 지나가야 한다. 검문소를 지날 때마다 여권을 제시하고 여권의 내용을 하나하나 기재해야 하는 번거로움이 있다. 우리는 출발 전에 여권 사본 5부를 준비했다. 1차 검문소를 지나기 전에 차 한 대가 고장이 났기 때문에 먼저 검문소에 도착해 여권 사본을 제시하고 검문을 마쳤다. 검문소에선 여권과 사본의 진위만 확인했다. 미리 여권 사본을 준비해 온 덕이다. 그런데 검문을 마치고 나서도 그곳에서 기다리는 우리 일행 중 다른 팀에게 또 여권을 보여 달라고 한다. 말도 안 통하니 수속을 끝내고도 한참 실랑이를 벌였다. 다시 여권과 사본을 확인시켜 준 후에야 통과 허락을 받아 냈다. 검문소에선 수속을 마쳤으면 빠르게 통과하는 것이 좋다.

이곳에서 검문 수속을 진행하는 군인들은 그들의 근무 시간이 수시로 바뀌기 때문에, 사람이 바뀔 때마다 또다시 검문이 진행된다.

파미르고원 여름 과일의 명물, 수박

파미르고원 여름 과일 명물은 수박이다. 두샨베를 떠난 후 얼마 안 돼서 수박을 길가에 모아 놓고 파는 곳에 잠시 차를 세웠다. 수박은 한 통에 우리 돈 2천 원도 안 된다. 수박 한 통을 사서 바로 쪼개서 먹었다. 여름 햇볕을 받아 맛이 밋밋할 줄 알았는데 무척 시원하고 달았다. 한국에서 유통되는 수박과는 달리 아주 크고 값도 무척 싸다. 특히 이곳 수박은 당도가 높아 수분 보충과 당분 섭취에 그만이다. 사람들은 우리가 다가가면 언제나 '니하오'를 연발한다. 이것은 중국 사람을 만나면 건네는 인사다. '까레이스끼' 또는 '까레이', 혹은 '꼬레'라고 하면 그제야 한국인이라는 걸 안다. 거기에 내가 한마디 더 "안녕하세요."라고 하면, "안녀세요."라고 따라 하며 웃는다. 농부나 상인 할 것 없이 우리가 여행 중에 만난 타지키스탄 사람들은 상냥하고, 때론 과잉 친절로 느껴질 정도로 다정다감했다.

타지키스탄(Tajik)에서 '타스(Taj)'라는 말은 페르시아 말을 하는 사람들이라는 뜻이다. 이곳 파미르를 중심으로 유목이나 경작을 하면서 생계를 꾸려 나가는 사람들은 위구르나 튀르크 지역에 퍼져 사는 사람들과는 조금 다르다. 하지만 수백 년을 함께 살아오면서 민족 간 왕래와 통혼을 통해 피가 섞였기 때문에 구분이 힘들다. 이것은 마치 카라코룸의 초지에 사는 사람들이 몽골과 위구르의 피가 섞여 인종 특징이 모호한 것과 같다. 길은 계속 강을 따라 이어진다. 아프가니스탄과 강 하나를 사이에 두고 한없이 달렸다. 워낙 건조한 날씨에다 비포장길이라 차가 한 대만 앞 질러가도 포탄이 떨어진 것처럼 길은 먼지로 자욱했다.

파미르고원으로 가는 길

파미르고원으로 가는 길은 타지키스탄의 수도 두샨베에서 출발한다. 파미르의 첫 여행지 루샨으로 떠났다. 아침 일찍 식사를 마치고 잘 포장된 길을 달리며 파미르고원에 곧 오를 것 같은 환상 속에 들떠 있었다. 파미르고원으로 가는 길은 먼저 타지키스탄 남부의 가장 큰 도시이며 하이웨이가 시작되는 호로그(Khorog)다. 그러나 우리는 내일 지제브 트레킹 일정이 있어서 루샨까지 가야 한다. 루샨까지는 지프차를 타고 12시간 정도 걸렸다. 가는 길은 비포장도로이고, 길이 험했다. 가는 도중에 일행의 지프차 엔진에 문제가 생겼다. 첫 번째 검문소를 통과하기 전이었다. 두 시간 넘게 시간이 걸렸고, 도로 확장 공사로 막힌 길을 뚫느라고 1시간 30분 이상이 지체되었다. 우리의 숙소 루샨 게스트하우스에 도착한 시간은 밤 12시가 넘었다.

파미르(Pamir)를 이곳 사람들은 '바미두냐(Bam-i-Dunya)'라 부른다. '세상의 지붕'이라는 뜻이다. 파미르는 대부분 돌산이라 산 사이의 계곡이 깊고 가파르다. 파미르고원에서는 해발 평균 4,000m 이상으로 물이 흐르고, 초지가 있는 남부와 빙하와 척박한 협곡이 대부분인 북부로 나뉜다. 젖과 꿀이 흐르는 남부 파미르 초원 지대를 따라 유목하는 민족은 거의 대부분 키르기스스탄 사람들이다. 타지키스탄 사람들은 아프가니스탄 국경을 따라 척박한 땅을 일구며 살아간다. 타지키스탄과 아프가니스탄 사이에는 황토물이 흐른다.

길이 막혀도 여유로운 타지키스탄 사람들

루샨으로 가는 길은 생각보다 멀고 험하다. 길 양쪽은 끝없이 펼쳐지는 돌산이다. 이 길을 한참 달리다 보면 멀리 아프가니스탄이 보인다. 가운데 판지강이 흐르고, 아프가니스탄 국경을 따라 루샨까지 간다. 판지강을 가운데 두고 왼쪽에는 타지키스탄으로, 강 건너편에는 아프가니스탄으로 길이 하나씩 나 있다. 길은 오로지 이 두 길뿐이다. 가는 동안 양국 사이에 놓인 다리가 하나씩 보일 뿐이다. 루샨까지 이런 다리가 5개쯤 있다고 하는데, 벌써 2개의 다리를 지났다.

두 번째 검문소 통과는 첫 번째 검문소 통과보다 쉬웠다. 미리 준비한 여권 사본만 제출하면 되었기 때문이다. 두 번째 검문소를 통과하고 얼마 지나지 않아 진짜 큰 문제가 생겼다. 갑자기 파미르고원 쪽으로 가는 차량들이 멈추기 시작했다. 중국에 발주를 받아 도로 공사가 한창 진행 중이었는데, 발파 작업을 하다가 낙석 사고가 나서 우리가 지나가야 할 길이 막혀 버린 것이다. 오늘은 하루 종일 12시간 이상 차를 타고 루샨까지 가야 하는데, 가는 길이 막혔으니 갑갑할 뿐이다. 막힌 길을 뚫기 위해서는 1시간 30분쯤 걸렸다. 이런 일이 이곳에선 예사로 발생한다고 한다. 이곳 사람들은 당연한 일이라고 생각하는지 아무도 문제를 제기하거나 불평을 하는 사람들이 없었다. 만나는 사람마다 어둑어둑해지는 날씨에도 걱정이 되지 않은가 보다. 밝게 웃으며 인사를 주고받고 어디서 왔는지를 묻는다. 한국에서 왔다고 하니 함께 사진 찍기를 원한다. 어차피 시간이 지나면 해결될 일, 걱정한다고 될 일이 아니라고 생각하며 여유롭게 기다리는 이들에게서 사람 사는 방법 하나를 더 배운다.

여행 일정

▶ 마싯따
▶ '난' 만드는 빵집
▶ 두샨베 말레이시아인 친척 집 방문
▶ 히소르 고성
▶ 파미르고원 통행증 발급(현지 여행사)
▶ 두샨베 → 루샨

숙소: Rushan Guest house

11day 타미르고원의 오아시스 호로그

타지키스탄의 오지 루샨(Rushan)

　숙소 바로 옆에는 설산에서 눈이 녹아 맑은 물이 줄기차게 흘렀다. 물소리가 크고 웅장해서 경외감이 들 정도다. 설산과 함께 어우러져 아름다운 풍경을 만들어 냈다. 이 물은 판지강으로 흘러드는데, 합류하는 동시에 맑던 물줄기는 몹시 더러운 흙탕물로 변한다. 안타깝기 그지없다. 만일 이 맑은 물이 흘러 시내까지 들어간다면 타지키스탄 사람들이 식수 걱정은 안 해도 될 텐데 말이다. 타지키스탄에는 식수 사정이 좋지 않아서 물값이 생각보다 비싸다. 어디서든지 물을 사서 먹어야 한다. 심지어 식당에서도 우리나라처럼 공짜로 주는 물은 없다.

　루샨이라는 마을에 머물렀다. 이 마을은 우리나라에선 면 단위 정도 되는 작은 마을이다. 작은 행정관리센터, 슈퍼마켓, 우체국, 은행, 레스토랑, 재래시장 정도의 건물 몇 개가 있고, 아주 가난한 사람들이 옹기종기 모여 살고 있었다. 아침에 마을을 둘러보는데 만나는 사람마다 정답게 다가와 밝게 인사를 해 왔다. 대부분 소 몇 마리와 염소 대여섯 마리를 치는 것 같았다. 마을 주변을 온통 커다란 돌산이 감싸고 있으니 먹을 것이 생산되기는 어려울 것 같았다. 이들의 삶을 들여다보지 않았기 때문에 그 속내를 자세히는 알 수 없지만, 그리 형편이 넉넉해 보이지는 않았다. 물가에서 자는 사람도 있었다. 길에서 만난 이곳 주민에게 인사를 나누고, 함께 사진을 찍고 하다가 집 구경을 부탁했는데, 어떤 분이 흔쾌히 허락해 잠깐 그 집을 방문했다. 겉에서 보는 것과 달리 집 안은 넓은데, 살림살이가 없었다. 가난한 살림이니 뭔들 갖출 수 있었겠는가? 집 안이 텅 빈 것 같았다.

사람에겐 누구에게나 운이 있다. 이 운이 그 사람의 인생을 좌우한다. 어찌하여 하늘은 어떤 사람은 왕자로 태어나게 하고, 어떤 사람은 거지로 태어나게 했단 말인가? 이것도 어찌 보면 우리가 만나는 운이다. 어찌하여 이곳 사람들은 이렇게 척박하고 외진 곳에서 태어나 이곳의 환경에 적응하며 우물 안 개구리처럼 살아가고, 나는 어찌하여 한국에서 태어나 이곳에 와서 이곳 사람들의 삶을 들여다보고 있단 말인가? 나는 이것도 내가 만난 운 때문이라고 생각한다.

끝이 없는 돌길, 지제브 트레킹

트레킹을 하기 위해선 숙소에서 지제브 입구까지 가야 한다. 지프차로 40분이 걸린다. 이곳의 경치는 아프카니스탄과 국경인 타지키스탄의 길보다 훨씬 아름답다. 판지강 주변으로 나무가 심어져 있고, 멀리 설산도 보인다. 지제브 입구에 도착하면 강 위로 출렁다리가 놓여 있다. 출렁다리를 건너야 트레킹을 할 수 있다. 다리를 건널 때는 강물이 매우 빠르기 때문에 아래를 내려다보면 현기증이 일어난다. 두 손으로 양쪽 줄을 꽉 잡고 멀리 산을 보거나, 하늘을 보면서 건너야 더 안전하게 건널 수 있다. 무사히 다리를 건너면 여기서부터 트레킹이 시작된다. 9시부터 트레킹 시작이다. 강가를 따라 서서히 걸어서 산속으로 들어갔다. 강과 산이 어우러진 풍경이 무척 아름답다.

지제브 트레킹 코스는 정말 아름답다. 가는 길은 거의 돌산에서 흘러내린 돌로 다져져 있다. 우리처럼 일반인들이 걷기에는 쉬운 길은 아니다. 오전 9시밖에 안 되었는데 무척 덥다. 지제브로 오르는 길 왼쪽에는 설산에서 흘러내리는 맑고 차가운 물이 흐른다. 가끔은 나무 그늘을 만들어 주기도 한다. 가면서 쉬면서 서서히 주변의 아름다운 풍경을 감상하며 산을 올랐다. 1시간 30분쯤 걸었을까. 아내가 현기증이 난다며 길 가운데에 주저앉았다. 몇 번 걷기를 반복하더니 오르기가 힘들 것 같다고 한다. 가끔 맑고 시원한 바람이 산위에서 불어오기는 하지만 날이 무척 뜨거웠다. 폭염이다. 트레킹을 포기해야 하는 상황이다. 할 수 없다면 빨리 포기하는 것도 하나의 방법이다. 산에 오르는 걸 포기하고 내려갔다. 얼마쯤 내려가니 이젠 몸 상태가 좀 나아졌다고 한다. 찌는 듯이 더운 날씨를 견디며 산행을 한다는 것은 초보자에겐 무리일 수가 있다. 산을 내려오는 내내 산에 더 오르는 것을 접고 내려가는 선택을 잘했다는 생각이 든다. 그래도 3시간 트레킹을 한 것이니 트레킹을 하지 않은 것은 아니다. 산에서 내려왔는데 강 건너편에서 우리를 기다려야 할 차량이 보이질 않는다. 하는 수 없이 강을 건너지 않고, 그늘이 드리워진 곳에 들어가 1시간쯤 쉬고 있었다. 그늘에 앉아 있으면 시원한 강바람이 더위를 피하게 해 준다. 오후 1시 30분경 먼저 산을 올랐던 팀원 두 명이 내려왔다. 산 정상까지 다녀올 시간은 안 되었는데 좀 빨리 내려온 것 같아서 물었더니, 그들도 중도에 포기하고, 그냥 내려왔다고 한다. 날씨가 너무 덥고 힘들어서….

고원의 오아시스 호로그(Khorog)

2시간을 달려 호로그(Khorog)에 도착했다. 호로그는 참 아름답고 깨끗한 도시로 파미르 하이웨이가 시작되는 곳이다. 타지키스탄 남부의 가장 큰 도시이며 읍 단위 정도의 마을로 루샨보다 훨씬 크다. 운전기사 아지즈의 고향이기도 하다. 아지즈가 추천해 준 LAL 호텔로 숙소를 정했다. 객실 요금은 660소모니다. 오래된 호텔인데도 깨끗하게 잘 정리되어 있다. 호텔 주인은 보기엔 무뚝뚝하게 생겼는데 생각보다 친절했다. 어제 민박을 했기에 무척 피곤했다. 호텔에 들러 여정을 풀고 나니 피곤함이 좀 가셨다. 레스토랑에 들러 저녁 식사를 해결하고 또 하루를 보냈다.

두샨베에서 파미르고원의 첫 도시 호로그까지 가는 방법은 두 가지다. 하나는 항공기를 이용하는 것이고, 하나는 지프차를 이용하는 것이다. 항공기를 이용하는 것이 가장 쉽지만, 비행기표는 예매는 하지 않는다. 호로그 공항이 계곡 사이에 위치해 있어서 현지 기상 상태에 따라 운항이 결정되기 때문이다. 호로그로 가는 날 아침 공항에 나가 봐서 비행기가 있으면 그날 떠날 수 있고, 그렇지 않으면 다음 날 다시 공항에 나가 봐야 한다. 그러니 시간 여유가 없는 사람은 이 방법을 택할 수 없고, 육로를 이용해야 하다. 특히 겨울에는 한 달에 하루 정도 비행기가 있다. 물론 돌아오는 길은 장담할 수 없다. 육로는 지프차를 타고 20~28시간을 이동해야 한다. 가는 길이 비포장도로이고 길이 험해서 시간이 많이 걸렸다.

루샨에서 호로그까지 가는 길에는 타빌다라(Tavildara)라는 조그만 마을을 지나 해발 3,252m의 카부라보트(Khaburabot) 고개를 지나가야 한다. 이곳에 오면 산행이 서툰 사람들은 파미르로 올라서면서 맞게 될 고소증 증세를 걱정한다.

호로그는 남부 타지키스탄의 가장 큰 도시로, 마치 우리나라의 북한

강과 남한강이 합쳐지는 한강의 두물머리처럼 2개의 강이 합쳐져 판지강으로 흘러드는 곳이다. 넓은 평원 지대로 유속이 느리고, 하구가 넓어 경작지와 함께 큰 마을이 형성되어 있다.

여행 일정

▶ 루샨 → 지제브
▶ 지제브 트레킹
▶ 지제브 → 호로그

숙소: LAL Hotel

12day 실크로드 시대에 번성했던 상인들의 길

숙소를 출발한 차가 맨 먼저 들른 곳은 자동차 정비소다. 어제 차바퀴에 못이 박혔기 때문이다. 박힌 못을 빼내고 펑크를 때운 후에 출발하느라 조금 지체되었다. 다음으로 들른 곳은 약국이다. 일행 중 한 명이 지제브 트레킹을 하다가 발목이 삐었는데 압박 붕대를 사야 했기 때문이다. 약국은 호로그 시내 중심에 있었다. 이곳에서도 우리나라에서처럼 의약 분업이 실시되고 있었기에 약국은 병원 옆에 있었다. 이른 시간인데도 약국은 사람들로 붐볐다.

호로그에서 출발한 우리는 2시간 30분쯤 후에 브랑부디스트 스투바라는 작은 마을에 들렀다. 점심 식사를 하기 위해서다. 메뉴는 양고기수프와 볶음밥(쁠롭), 그린티 한 주전자가 전부였다. 1인당 21소모니를 지불했다. 이곳은 척박하고 음식점이 많지 않은 지역이라서 이렇게라도 점심을 해결할 수 있으니 다행이었다.

*파미르에서 가끔씩 만나는 슈퍼마켓(좌), 꿀을 채취하는 벌통(우)

눈에 들어오는 건 앞으로 난 길과 하얀 눈이 덮인 봉우리들뿐이다. 길 양쪽에는 하얀 눈이 덮인 산들이 계속 나타난다. 설산의 아름다움이 연이어 펼쳐지는 파미르고원 한가운데를 우리는 쉼 없이 달려갔다. 그렇게 달려가다가 간혹 들리는 곳은 마을 앞에 있는 조그만 슈퍼마켓이다. 음료수나 먹을 것들을 사기 위해서다. 이곳에서 간혹 만나는 슈퍼마켓 역시 아주 반가운 곳이다. 이곳엔 사람이 사는 마을이 드물다. 마을 앞에 있는 작은 슈퍼마켓을 만날 때가 있다. 가끔 만나는 슈퍼마켓이나 음식점에 들러야 그나마 사람과 먹을 것들을 만날 수가 있었다.

폭포수가 만들어 내는 비비 파티마 온천(Bibi Fatima Hot Spring)

온천욕을 하기 위해서 비비 파티마 온천으로 갔다. 온천 이름은 예언자 무함마드 딸의 이름을 따서 지었다고 한다. 온천으로 가는 길은 무척 가파르고 좁다. 길 오른쪽은 천 길 낭떠러지다. 운전기사가 잠시라도 한눈을 판다면 차가 저 아래 계곡으로 떨어질지도 모른다. 하지만 운전기사 아지즈는 그토록 험하고 울퉁불퉁한 비포장 언덕길을 잘도 올랐다. 언덕에서 바라보는 대자연은 참으로 환상적이었다. 끝없이 펼쳐진 드넓은 강, 높이 솟아오른 흑갈색의 돌산, 병풍을 펼쳐 놓은 듯 멀리까지 뒤덮인 하얀 눈, 맑은 하늘에 하얗게 떠 있는 구름이 만들어 내는 대자연의 축제 때문에 두 눈을 뗄 수가 없었다. 지금 내가 천상에 와 있는 것인지 아니면 인간 세상에 있는지 구분이 안 되는 이 상황을 뭐라고 표현해야 할지 모르겠다. 세상에 이런 곳도 있다니, 정말 아름다운 풍경이다.

온천은 산 중턱에 있다. 타지키스탄에서 가장 놀라운 자연의 경이로움을 느낄 수 있는 장소이자 전 세계 이슬람교도의 순례지로 잘 알려진 곳이다. 예로부터 이 온천에 몸을 담그면 여성의 출산율이 높아지고, 일반인들은 각종 질병을 치료하는 효과가 있다고 알려져 있다. 온천수가 흐르는 바위 틈새에 대고 기도하면 신의 응답을 받을 수 있다는 전설도 함께 전해지고 있다. 비단 종교적인 이유가 아니더라도 나트륨과 칼륨, 칼슘, 마그네슘, 철분 등의 미네랄이 풍부한 온천수에 몸을 담그기 위해 먼 곳에서 찾아오는 이들도 적지 않다고 한다.

온천에는 엄청나게 많은 양의 온천수가 뿜어져 내리며 폭포수를 만들어 낸다. 폭포수가 만들어 내는 물은 노란 흙탕물이다. 흘러내리는 소리 또한 엄청나게 커서 주위의 시선을 끈다. 폭포수 아래에 온천욕장이 있다. 이곳의 높이는 해발 3,150m, 고소증이 올 수 있으니 뛰거나 빨리 걸으면 안 된다. 한 발 한 발 천천히 걸으며 호흡을 조절해야 한다.

남탕과 여탕으로 분리된 온천탕은 섭씨 40도의 뜨거운 물이 나오는 바위 표면에 지어져 있다. 뜨거운 물은 길이와 깊이를 알 수 없는 미세한 종유석 동굴에서 흘러 들어온 것으로, 석회암이 함유되어 있지 않아 폭포수와는 달리 수정처럼 맑다. 옷을 벗고 온천수에 들어가 몸을 맡겼다. 여행에 지친 몸이 스르르 풀렸다. 30분간 뜨거운 물에 몸을 담그니 스르르 잠이 왔다. 몸이 개운해졌다.

이슬람의 성지 카카하(Kah-Kakha)와 얌춘(Yamchun)

*이슬람의 성지 카카하(좌), 얌춘(우)

랑가르로 가기 위해서는 다시 평지로 내려가야 한다. 랑가르로 가는 길목엔 실크로드 시대의 유적들이 제법 있다. 길옆에 차를 세우자, 이곳에 사는 10살 정도 되는 아이 2명이 차량 가까이 다가오며 우리를 반겼다. 그들과 함께 사진을 찍었다. 잠시 후 다른 사람들이 함께 사진을 찍자고 하자 사진 찍기를 싫어하는 내색이 역력하다. 알고 보니 이 아이들은 관광객들과 함께 사진을 찍어 주고 얼마씩의 모델료를 받고 있었는데, 우리가 돈을 주지 않자 함께 사진 찍는 것을 거부했던 것이다.

이곳에는 산 중턱에 실크로드 시대 상인들의 숙소였던 요새가 있었던 흔적이 있다. 반드시 올라가 보자. 아름답고 멋진 풍경을 다시 만나게 되는데, 이곳에서 바라보는 경치는 그 느낌이 사뭇 다르다. 실크로드 시대 이슬람의 성지로 군림했던 고성 카카하 유적지다. 돌담과 탑으로 쌓여 있다. 여기에 올라서면 저 아래 넓게 펼쳐진 와칸밸리는 물론 아프가니스탄 최북단에 자리한 힌두쿠시산맥까지 모두 볼 수 있다.

산 중턱에 올라 이들이 펼치는 장엄하고 확 트인 경관을 한 번 더 내려다보자. 그리고 느껴 보자. 맑고 신선한 공기, 끝없이 펼쳐진 넓은 강, 눈앞에 우뚝 서 있는 돌산, 자기 쪽으로 오라고 유혹하는 설산의 향연을 말이다. 대자연이 뿜어내는 열기와 아름다움을 통해 내가 왜 이곳에 왔는지, 왜 여행을 해야 하는지, 인간의 힘이 얼마나 나약한 것인지 하염없이 느낄 수 있을 것이다.

고대 실크로드 당시 계곡 전체에 흩어져 있던 상인들의 숙소 카라반 사라이와 사리탑, 궁전 등은 흔적도 없이 사라졌지만, 당시 이 지역이 쌓은 영광과 역사는 여전히 그 위용을 자랑하고 있다. 실크로드를 따라 수천 년 동안 이곳을 찾은 상인들은 상품 운송에 따른 부과금을 지불했고 그 대가로 지어진 것이 얌춘 요새다. 각국에서 온 상인들을 위해 안전한 통로 구축이 필요했기 때문에 상인을 보호하고 제국을 보호한다는 목적으로 이곳에 요새가 지어졌는데, 얌춘 요새가 가장 잘 보존되어 지금까지 남아 있다. 수천 년간 이어 온 지진과 산사태로 인해 많이 파괴되어 버렸고 지금은 상부 요새만 남아 있다.

좁은 협곡 이쉬카심 가는 길

파미르 하이웨이는 호르그에서 출발해 젤란디를 경유하여 무르갑으로 가는 길이다. 이 길은 옛날 구소련이 물자 수송과 군사 목적으로 낸 것인데, 이 길로 가면 쉽게 파미르를 횡단할 수 있다. 하지만 장대하고 신비한 힌두쿠시와 푸른 독수리의 날개를 닮았다는 와칸밸리를 보기 위해 먼저 와칸밸리의 중심 도시 이쉬카심으로 갔다.

*멀리 보이는 힌두쿠시(좌), 와칸밸리(우)

이곳 사람 10명 중 8명은 수니파 무슬림이다. 특히 경작지라고는 거의 찾아 볼 수 없는 파미르의 GBAO(Gorno Badakhshan) 지역엔 일찍부터 중동의 페르시아인들이 진출해 유목을 하며 살고 있었다. 그 때문에 이곳은 다른 중앙아시아의 다른 나라들보다 비교적 민족적인 색채와 종교적 신념이 강한 지역이라 할 수 있다. 호르그에서 이쉬카심으로 가는 길은 강을 따라가는 길이다. 강 건너편은 아프가니스탄이다.

힌두쿠시(Killer of Hindus)는 아프가니스탄 북부 서쪽에서 동쪽으로 이어진 긴 산줄기다. 웅장함은 둘째 치고 그 아름다움으로 말하

자면 지구상에서 최고라 할 것이다. 해발 7,000m가 넘는 봉우리를 많이 거느린 힌두쿠시는 아프가니스탄과 타지키스탄, 파키스탄 국경에 걸쳐 있다. 힌두쿠시의 가장 높은 봉우리 티리치미르(7,600m)가 와칸밸리 건너편에 우뚝 솟아 있다. 비록 차 위에서 보는 봉우리와 능선이 1,600km 힌두쿠시의 한 점에 불과했지만 산줄기와의 영적인 대화를 하기엔 충분했다.

 이쉬카심은 큰 마을이다. 여행자들의 명소로 일요시장이 열리는데 일요일이 아니었기에 열리지 않았다. 아프간과 타지키스탄 국경을 흐르는 강 중간에는 제법 큰 섬이 있다. 일요일이면 양국 군인들의 경계 속에 두 나라 사람들이 모여 시장이 형성된다. 양국이 교류하던 시절이었다면 다리가 놓였을 것이고, 물론 시장이 열려 사람들이 서로 만나 인사하며 안부도 전했을 것이다. 그러나 지금은 단절되어 이질의 골이 깊어 가고 있으니 안타까운 일이다.

이쉬카심에서 랑가르까지

이쉬카심에서 랑가르로 가는 길엔 힌두쿠시의 웅장한 설산이 그림처럼 펼쳐진다. 이쉬카심에서 랑가르까지는 마을 간 거리가 무척 멀다. 경작지는 대부분 강 건너 아프가니스탄 지역에 밀집해 있는데 그곳에는 힌두쿠시의 설산과 빙하에서 흘러내린 물이 풍부하기 때문이다. 이곳 사람들은 무슬림이지만 옛날 자신들이 숭배하던 대상을 완전히 물리치진 못했다. 호로그나 이쉬카심에서도 제대로 된 이슬람 사원은 보기 힘들다. 시골로 갈수록 더욱 그랬다. 그렇다고 사원이 없는 것은 아니다. 다만 형태와 양식이 일반 이슬람 사원과는 달랐다. 사원은 흙담으로 둘러싸여 있으며 그 안에는 의식을 치를 수 있는 사당만 있었다.

사원 입구나 담, 내부에는 마르코 폴로 양의 뿔이 걸려 있다. 이곳 사람들에게 마르코 폴로 양의 뿔은 상당히 영향력 있는 숭배의 대상이다. 다른 이슬람 사원에서는 토테미즘을 신봉하여 상상할 수 없는 짐승의 뿔을 걸어 놓기도 한다. 여행 중에 양의 뿔을 걸어 놓은 큰 건물을 만난다면 틀림없이 사원이라 보면 된다.

파미르의 중심 랑가르에서 숙소 잡는 법

숙소 미차 게스트 하우스(Micha Guest house)에 도착했다. 앞에 아름다운 설산이 그룹을 지어 펼쳐진 게스트 하우스였다. 이 숙소엔 2인 1실, 4인 1실, 5인 1실 등 다양한 형태의 룸이 있는 도미토리 호스텔이다. 단체 예약을 한 사람들이 이용할 수 있는 거실도 있다. 저녁과 아침 식사비는 요금에 포함되어 있다. 욕실은 침실 밖에 있는 공동욕실을 사용해야 한다.

이곳에서도 숙소를 구하는 방법은 다양하다. 부킹닷컴에서 예약을 하거나, 구글 맵에서 검색해 찾아 예약할 수 있다. 구글 맵에서 해당 숙소 위치를 클릭하면 숙소의 전화번호를 찾을 수 있는데, 전화번호로 연락해서 예약을 하면 된다. 아주 쉬운 방법은 운전기사에게 추천과 예약을 부탁하는 것이다. 운전기사에게 얼마의 팁을 주고 부탁해 보자. 그들이 알고 있는 아주 싸고 좋은 집을 찾아 예약해 줄 것이다. 이번 여행에선 우리도 운전기사 아지즈에게 부탁해서 예약을 했다. 그가 소개해 준 호텔이나, 게스트 하우스는 가성비도 좋고 주인들도 친절했다.

오늘도 그가 예약해 준 게스트 하우스에서 하루를 보냈다.

따뜻하고 담백한 야채수프와 삶은 닭 다리가 올라간 볶음밥, 오이와 토마토를 넣어 만든 샐러드, 신선하게 잘 구워 낸 빵 한 그릇, 그린티 한 주전자가 오늘 저녁 식사 메뉴다. 담백한 야채수프 때문인지 기름기가 적고 맛이 단백해서 느끼한 이곳 음식과 물갈이 때문에 놀랐던 속이 좀 진정되는 것 같다. 전에는 한 번도 와 보지 못했던 나의 첫 발걸음이 내디딘 낯선 땅, 이곳 랑가르에서 또 하루가 흘러갔다.

여행 일정

▶ 비비 파티마 온천
▶ 이슬람 성지 카카하
▶ 이슬람 성지 얌춘
▶ 이쉬카심 → 랑가르
숙소: Micha Guest house(+992 501 06 2035)

13day 외계 혹성 같은 도시 무르갑

아침 식사로 오므라이스와 식빵, 블랙커피가 나왔다. 숙소는 게스트 하우스였지만, 이곳 주인은 매우 친절했다. 한국에서 일을 하고, 번 돈으로 이 게스트 하우스를 지었다고 한다. 함께 앉아 사진도 찍었다. 이 숙소에는 더블베드가 있는 방이 딱 하나 있었다. 운전기사 아지즈가 미리 와서 우리 부부를 위해 찜을 해 두었다. 무척 고마운 일이다. 그의 배려 덕분에 편히 잘 수 있었다. 어제 머물렀던 숙소보다 집도 넓고, 침실도 훨씬 깔끔했다. 요금은 저녁과 아침 식사를 포함해 200소모니다.

아홉 시에 무르갑을 향해 떠났다. 가는 길은 울퉁불퉁 비포장도로에 비좁고, 높은 산길을 가야 한다. 차가 오르는 오른쪽은 천 길 낭떠러지다. 내려다보면 순간 아찔하다. 까딱 실수라도 할라치면 쥐도 새도 모르게 사라질 판이다. 그래도 베테랑 운전사 아지즈는 잘도 달린다. 차에서 건너편 설산 아래 아프가니스탄 탈레반의 거주지도 보인다. 그들이 사는 마을은 흙벽돌로 쌓아 올린 폐가나 다름없는 집들이다. 가끔 우리를 향해 손을 흔드는 사람도 있다.

랑가르에서 알리추르로 가는 길

랑가르에서 출발해서 알리추르로 향했다. 가는 길은 오르막이 계속된다. 시야가 넓어지면서 높게 올려다보이던 힌두쿠시의 설산들이 점점 눈높이로 보이기 시작했다. 그 웅장함과 신비함이 제 모습을 드러내기 시작한 것이다. 산 중턱에 오르자, 사방이 트이며 산줄기가 점점 더 가까이 다가왔다. 계곡 밑에서 보던 것과는 많이 달랐다. 마치 외계의 어느 혹성에 불시착해 망원경을 통해 바라보는 것 같았다.

해발 2,500m 이상의 고도에 오르면 낮은 지대에 사는 사람들은 누

구에게나 고산증이 올 수 있다. 이럴 땐 숨을 가다듬고 천천히 걸어야 한다. 정신을 제어하는 것도 중요하다. 이런 곳에서 자칫 몸을 심하게 움직이면 힘든 상황을 만날 수도 있다. 주변 풍경에 자주 눈을 돌리며 유쾌한 기분을 가지면서 자연스럽게 움직여야 한다. 그렇게 하다 보면 어느새 몸과 정신이 밀착돼 고소증의 어려움을 견딜 수 있게 된다.

고원으로 이어진 길은 능선을 타고 계속 이어졌다. 고원에서 사람을 만나는 일은 드물지만, 가끔 나귀를 타고 오는 젊은이를 만날 수 있었다. 풀을 잔뜩 베서 나귀에 싣고 오는 걸 보고 가까운 곳에 마을이 있음을 알 수 있었다.

알리추르까지는 상당한 거리가 남아 있지만 본격적으로 고원의 풍광을 느낄 수 있는 파미르 깊숙이에 와 있다. 오시(Osh)나 혹은 사마르칸트에서 물건을 싣고 파미르고원을 건너던 상인들은 농사꾼이 1년 농사를 짓듯, 어부가 배를 끌고 바다로 나아가듯 이 길을 걸었을 것이다. 그러니 그들에게 길고 긴 파미르고원을 걷는 것은 그 자체가 생활이요, 인생이었다.

파미르에서는 여름에도 밤에 기온이 영하로 떨어지는 경우가 많다. 그 때문에 겨울용 패딩 점퍼를 준비해야 한다. 침낭도 완전 겨울용은 아니더라도 보온이 뛰어난 초겨울용을 가지고 가야 한다. 이곳에선 잠을 잘 자야 여행이 수월하다.

마을 수호신 마르코 폴로 양 뿔

파미르고원 안으로 들어갈수록 힌두쿠시는 점점 멀어져 갔다. 하지만 그 엄청난 위용은 좀처럼 사라지지 않았다. 시멘트 가루를 덮은 것 같은 검은 산맥 뒤로 하얀 눈을 덮어쓴 힌두쿠시는 더욱 신비롭고 장엄했다. 우리가 탄 차는 앞을 향해 쉼 없이 달렸지만 우리는 여전히 힌두쿠시산맥이 내뿜는 빛에 도취되어 있었다.

고원으로 들어갈수록 검은 돌산은 끊임없이 좌우로 펼쳐졌다. 힌두쿠시는 점점 그 검은 산맥 뒤로 자취를 감췄다. 해발 4,500m가 넘는 고개가 다가오고 있었다. 해발 4,000m가 넘으니 고소증이 나타났다. 머리가 뻐근하게 아프고 숨쉬기가 힘들어졌다. 우리는 고산에서의 원활한 산소 공급을 위해 빠른 속도로 숨을 마셨다가 급히 내뱉곤 했다.

이제 알리추르를 거쳐 무르갑까지 가야 한다. 그 전에 4,300m가 넘는 카르구쉬 고개를 넘어가야 한다. 고소증에 크게 흔들리지 않았으나 체력적인 안배를 하는 것이 가장 중요했다. 그러기 위해서 충분히 물을 마셔야 했다. 긴 내리막길을 달려 평원으로 들어섰을 때 고소증은 점점 사라졌다.

랑가르에서 알리추르까지는 아주 아름다운 풍경의 연속이다. 황토색과 갈색이 어우러진 토양, 고원에서는 한 뼘 정도로 낮게 보이는 설산이 더욱더 아름답다. 이런 분위기에선 고원을 여행하는 즐거움과 자유로움, 엄청난 내적 에너지 분출은 우리의 상상력과 생각을 흔들기에 충분했다. 우리의 기분은 새털처럼 가벼웠으며, 시야에 다가오는 모든 것은 안방처럼 편안했다가도 어느 순간에는 낯선 곳에 도착한 길손처럼 허둥댔다.

여행자들과의 만남은 객지에서 오랜 친구를 만나는 것처럼 반가웠다. 우리가 만난 여행자들은 반대편 키르기스스탄의 수도 비슈케크로부터 출발해 오시를 거쳐 오는 이들이 많았다.

랑가르에서 알리추르까지는 평원과 고개가 계속된다. 이곳의 고개는 완만했지만 끊임없는 오르막길이다. 겉으로 보기에는 평지 같지만 오르막길의 연속이다. 한여름의 더위는 뜨겁고 건조했다. 우리는 쉼 없이 달리는 자동차 안에서 파미르의 엄청난 규모와 풍광에 푹 빠져들었다. 완만한 내리막이 계속되다가 평지에 이르렀을 때 초원 저쪽에서 목동 하나가 수많은 양 떼를 몰고 있었다. 그 모습이 너무 아름다워 가까이 가 보니 나이가 꽤 들어 보이는 노파가 1,000마리가 넘는 양을 몰고 있었다.

이곳에는 마을로 통하는 길 입구에 나뭇가지나 마르코 폴로 양 뿔을 놓아 표시를 한 곳이 자주 눈에 띄었다. 예전에는 마을 입구에 돈이나 음식을 내놓기도 했는데, 지나가는 허기진 길손이나 목동들이 그 음식을 먹고 허기를 달래라는 뜻이었다고 한다.

호로그에서 출발해 아프가니스탄 국경을 따라 대부분 열악한 비포장 도로만을 달리다가 포장된 도로를 만났다. 한여름의 무더위 속에서도 길은 한결 쉬워졌다. 포장도로, 파미르 하이웨이는 이곳에서부터 시작되었다. 거기다 내리막이고 바람까지 불어 주니 무더위는 저리 가라였고, 알리추르까지는 쉽게 도달할 수 있었다.

경관이 아름다운 작은 마을 알리추르

알리추르는 전형적인 파미르고원의 작은 마을이다. 워낙 경관이 아름다워 관광객이 많을 것 같지만 실제로는 거의 없었다. 계절적으로

7월 초순에서 9월 말까지만 여행객들이 지나칠 뿐이라고 한다. 간단히 요기를 하고 몸도 추스를 겸 밖으로 나와 햇볕을 쬐었다. 우리는 여행이 끝난 것처럼 몸과 정신이 늘어졌는데, 그만큼 호로그에서 이쉬카심을 거쳐 알리추르로 가는 길이 험하고 고소증 때문에 힘이 들었다.

이제 우리가 탄 자동차는 알리추르에서 무르갑으로 달렸다. 알리추르와 무르갑 사이에 있는 해발 4,100m 정도 높이의 나이자태슈 고개는 길지만 완만했다. 이곳을 출발할 때 우리는 빵과 꿀, 치즈 같은 것을 구할 계획이었다. 그래서 민가나 유목민 촌락이 나타나면 반드시 빵부터 구했다. 파미르에 사는 사람들이 먹는 잼은 석류를 설탕에 잰 것인데 그들의 주식 난(빵)에 발라 먹으면 열량이 높아 한 끼 식사로 충분했다.

황량하고 척박한 땅, 무르갑

나이자태슈 고개를 넘자 큰 계곡으로 빨려 들어가듯 내리막길이 계속되었다. 그 와중에 좌우의 풍광이 너무 멋있다. 차를 세워 사진을 찍거나 넋 나간 사람처럼 한참을 쳐다봤다. 좌측으로 푹 파인 계곡이 맨 끝의 설산을 붙들고 있는 모양에 취하다 보면, 어느새 우측으로 붉은색 봉황의 꼬리를 닮은 능선이 환상적인 풍경을 연출했다.

 2시간쯤 달렸을까? 다섯 번째 검문소가 나왔다. 마지막 검문소다. 10여 분쯤 지체되었다. 검문소 통과 후 12시경에 호수 근처에 있는 허름한 식당에서 점심을 먹었다. 식사 후 야실쿨에 갔다. 작년에 38소모니였던 입장료가 108소모니로 인상되었다. 입장료가 비싸다는 이유로 실랑이가 벌어졌다. 결국 우리 팀 4명만이 아지즈와 함께 다녀오기로 했다. 해발 4,000m 위에 호수가 있다는 것이 정말 믿기지 않았다. 넓은 호수 덕에 하늘이 더 높아 보였다. 맑고 훤히 뚫린 하늘과 하얀 구름과 호수가 어우러진 풍경은 상쾌하고 아름다웠다. 야실쿨에 다녀온 덕에 일행과 떨어졌다.

 고개 정상에서 본 무르갑은 고원에 이런 곳도 있을까 싶을 정도로 장관이었다. 푸른빛이 가득한 넓고 긴 초원과 가운데를 흐르는 강, 사방으로 어깨를 맞댄 채 이어진 설산은 유목민이 살기에 최적의 장소처럼 보였다. 무르갑은 해발 4,200m에 있는 고원 도시다. 생각했던 것보다는 큰 마을이었다. 운동장도 있고 관공서와 호텔, 게스트 하우스도 많아 깜짝 놀랐다. 머무를 호텔을 찾아 들어갔다. 주인은 매우 친절하고 방도 깨끗해 하루를 쉬고 가기에 충분했다. 따뜻한 차와 맛있는 빵, 타락죽이 저녁 식사로 나왔다.

 식사 후 무르갑 시내를 둘러보았다. 컨테이너 박스를 엎어 놓은 듯한 도시 풍경은 생각 외로 너무도 초라했다. 메마른 땅에 낮게 흩어져 있는 집들은 특색 없는 단층 건물의 아랫부분만 남은 잔해 같고, 도대체 이곳에서 사람들은 무엇을 하고, 무엇을 먹으며 살아갈까 생각하니 막막한 한숨이 나왔다. 하룻밤 머무는 호텔에서 따뜻한 차와 맛 좋은 음식을 대접받으면서도 이것들은 모두 어디에서 나오는 것일까 궁금했다. 이곳에서도 농사를 지을 땅이 있을 것이다. 어딘가에선 누군가가 농사를 짓고 있을 것이다. 누군가는 농사를 짓고, 누군가는 가축을 기르고, 누군가는 그것을 가져다 팔고, 누군가는 그것을 사서 먹고…. 이곳도 엄연히 사람들이 사는 곳이다. 내가 알지 못하는 어느 곳에선 이곳 사람들도 그들만의 행복을 누리며 살고 있겠지?

변변한 마켓을 찾아가는 데도 시간이 걸린다. 첫 번째로 들른 곳에선 살 만한 것이 없었다. 다시 두 번째 마켓에 들렀다. 물과 맥주, 각종 음료수와 웨하스 두 개를 샀다. 이곳에서 파는 타지키스탄 맥주가 맛있었다. 7시 30분에 저녁 식사를 했다. 메뉴는 빵과 토마토와 오이샐러드, 양고기수프, 볶음밥이 전부다. 저녁과 아침이 포함된 20불의 이용료가 있다. 이곳에서도 아지즈의 도움으로 더블베드 한 개가 있는 침실을 이용할 수 있었다. 숙소 안에는 화장실과 샤워실이 하나씩밖에 없었기 때문에 여러 사람이 이용하기에 쉽지 않았다. 와이파이 역시 잘 터지지 않았다. 파미르고원을 여행하는 동안에는 외부와의 연락은 거의 할 수가 없었다.

여행 일정

▶ 랑가르 → 알리추르

▶ 나이자태슈 고개

▶ 알리추르 → 무르갑

숙소: Murghab ADAI Guest house

14day 세상에서 가장 아름다운 국경 키질아트 보더(Kyzylart Border)

환상의 고개, 해발 4,665m 아크바이탈

무르갑을 떠나 오시로 향했다. 파미르고원에서 가장 높은 해발 4,655m 의 아크바이탈 고개를 넘는 날이다. 이 고개만 넘으면 바로 카라콜까지 간다. 바람이 한시도 그칠 줄 몰랐다. 오늘은 키르기스스탄 국경에 도착한다. 해발 4,000m가 넘는 고지에서는 고소증 증세 때문에 호흡이나 체력적으로 힘이 들었다.

출발한 지 얼마 되지 않아 다시 파미르의 장관 속으로 빠져들었다. 어제와는 또 다른 풍경이다. 설산이 더 늘어나고 흙 색깔도 카라코룸을 연상할 정도로 검은빛으로 변해 있다. 모든 것이 새롭고 신비했으며 적어도 한 번 이상 카메라를 꺼내지 않고는 배기지 못할 정도였다.

고개에선 계속해서 바람이 멈추질 않았다. 마침내 해발 4,665m 아크바이탈 고개에 도착했다. 큰 용이 몸을 비틀면서 머리를 하늘로 들쳐 올린 것 같은 형상이다. 파미르 하이웨이를 따라 여기까지 오기에는 험난한 길이지만 가 볼 가치가 있다. 해발 4,655m인데, 이곳에 올라 보면 주변 산들이 그다지 높아 보이지 않는다. 황량하고 외롭고…. 말 그대로 세계에서 두 번째로 높은 국제 고속도로인 파미르 고속도로(M41

또는 Pamirsky Trakt라고도 함)의 정점이다. Highway? 부분적으로는 비포장인 이 도로를 여행하는 것은 그렇게 빠르지는 않다. 그래서 더욱 모험이 된다. 주변 산의 경치는 숨이 막힐 정도로 아름답다. 해발 4,655m 높이인 여기에서는 당연한 일이다. 우리는 정상에 서서 이번 여행 중 가장 높은 곳에 오른 감격을 몸과 마음으로 느꼈다. 모두 차에서 내려 사진을 찍고 환호했다. 내려가는 길은 큰 내와 설산이 이어졌다. 비경의 연속이다.

이른 아침 빛이 일어나는 고원의 풍경은 탄성을 자아낼 만했다. 양털을 깔아 놓은 듯 산자락과 능선을 따라 펼쳐졌던 엷은 구름은 점점 없어지기 시작했고 시커먼 바위와 산맥 위에 솟아 있는 눈을 인 봉우리들이 숯불에 달군 쇠처럼 뜨거워지기 시작했다. 여행이 끝난 듯한 착각이 들 때 파미르고원은 거의 다 지나가고 있었다.

하늘에 매달린 호수 카라콜(Karakul)

　파미르고원의 마지막 명소이자 중앙아시아에서 가장 높은 곳에 있는 호수 카라콜을 향해 달렸다. 하얀 솜을 얇게 펼쳐 놓은 듯 평평한 구름, 비교적 완만한 높이로 내빼는 산맥, 하얀 눈을 덮어쓴 봉오리들을 구경하며 마음껏 파미르고원의 모든 것을 즐기고 있었다. 사실 얼핏 봐서는 같은 풍경이지만 찬찬히 살펴보면 모든 곳의 지형과 풍경은 달랐다. 피라미드를 엎어 놓은 것 같은 설산이 나오다가도 겹겹이 포개진 능선 뒤로 하얀 뭉게구름과 함께 나타난 한가한 초지와 더불어 평화롭게 양을 모는 유목민들의 모습도 아름다웠다.

　거대한 설산군이 좌우에서 나타나기 시작하더니 고원의 맑은 호수 카라콜이 조금씩 그 모습을 드러냈다. 호수는 마치 작은 바다와 같았다. 카라콜은 해발 3,914m에 있는 호수이니 우리나라 백두산 천지보다 1,000m 이상 높은 곳에 있는 것이다. 하늘에 매달린 호수라는 표현이 더 적절하겠다. 호수 주변에는 단 한 명의 관광객도 없었다. 단지 우리뿐이었다. 호수는 하늘과 설산을 품은 채 수면이 바람에 출렁이고 그 위에 반사된 빛은 사방으로 옅은 청자색을 뿌려 댔다.

키질아트 고개에 이르자 파미르는 마지막 장엄함을 사방에 뿜어냈다. 고개 정상에는 타지키스탄과 파미르를 상징하는 마르코 폴로 양의 동상이 서 있다. 붉은색 흙과 흰 눈이 덮인 산, 더 높아진 창공이 아득하게 서쪽으로 달아나는 모습은 가히 파미르의 처음과 끝을 한 장면에 쏟아 놓은 것 같았다. 우리는 모두 감탄했다.

아름다운 국경 키질아트 보더

타지키스탄 국경을 넘어 키르기스스탄 오시로 가야 한다. 국경 키질아트 고개로 오르는 길은 다른 어떤 고개보다도 멋있고 아름다웠다. 주황색과 흑갈색이 감도는 흙빛과 좌우로 펼쳐진 설산이 위로 오를수록 눈높이로 다가왔다.

　국경 검문소는 고개의 8부 능선쯤에 있었다. 30분쯤 가니 타지키스탄 국경 검문소가 나온다. 검문소에서 여권 조회를 마치고 나면 잠시 후에 출입국 관리소가 나온다. 출국 절차는 간단하다. 여권에 출국 확인 도장을 받으면 된다. 통행증도 이곳에서 반납한다. 이곳을 통과하면 바로 출국 검문소가 나온다. 여기에서 또 지체된다. 이곳에서 차량 통과를 막으면 차에서 내려 배낭을 짊어지고 키르기스스탄 출입국 관리소가 있는 곳까지 2km를 걸어가야 한다. 이 검문소에서는 보통 차량 한 대당 100소모니의 통과세를 요구한다고 하는데…. 우리가 탄 차량이 서서히 움직이며 검문소를 통과했다. 이제부턴 키르기스스탄이다. 산의 형태가 다르다. 산봉우리가 뾰쪽하고, 산의 빛깔도 붉은색, 초록색, 회색, 흰색이 어우러지며 또 다른 아름다움을 연출했다.

　울퉁불퉁 파인 비포장 산길을 내려가니 키르기스스탄 출입국 관리소가 나왔다. 입국 심사를 받기 위해 모두 짐을 들고 차에서 내려야 했다. 군인 두 명이 심사를 했다. 심사 절차는 아주 간단했다. 입국 확인

도장을 받고 검문소를 지나면 됐다.

키르기스스탄은 타지키스탄과는 많은 것이 달랐다. 화폐의 단위부터 달랐다. 소모니에서 솜으로 바뀐다. 국경을 통과하고, 차를 타고 조금만 달리면 드넓은 초지가 나온다. 여기서부터는 내리막길이다. 길게 형성된 분지 위를 달렸다. 파미르고원은 안에서 볼 때와 밖에서 바라보는 모습이 꽤 다르다. 흰 구름 아래 펼쳐진 설산은 끝없이 동쪽으로 달리고 드넓게 펼쳐진 초원에는 하얀 천막 유목민 텐트와 평화롭게 풀을 뜯고 있는 가축들의 모습이 보였다.

겸손을 갖춘 마을 사리모골(Sary-Mogol)

고원의 도시 사리모골이라는 곳에 도착했다. 길가에 차를 세웠다. 엄청난 크기의 대지 위에 베데꽃이라 불리는 붉은 꽃이 가득 피어 있다. 마치 분홍빛 카펫을 깔아 놓은 것 같다. 그 주위를 빅베어리산맥이 병풍처럼 드리워 있고, 가장 높은 해발 7,150m의 설산 빅베어리가 그 위용을 자랑하고 있다.

사리모골은 레닌봉으로 가는 길목에 있는 마을이다. 이곳에서 레닌봉 캠프까지는 22km 정도 떨어져 있다. 이 길도 직선이 아니라 곡선이다. 고산 마을을 지나다 보면 산 중턱도 보이고 산 정상도 보이고 내려가는 길도 보인다. 아래에서 보던 것을 위에서 보게 되고, 가까이에서 보던 것을 멀리에서 본다. 달라진 시선을 통해 바깥세상이 내 안의 사유와 만난다. 글로 다 담을 수 없는 키르기스스탄 여행의 깊이가 여기에 있다.

사리모골은 한여름에도 눈으로 덮여 있는 레닌봉을 마주한 채 산 아래 자리 잡은 제법 큰 마을이다. 타지키스탄 국경과 접한 키르기스스탄의 최남단이자 가장 높은 지대에 있다. 지리적 환경으로 인해 키르기스스탄 유목민의 문화가 가장 잘 보존되어 있다. 그래서 유목민들의 생활과 정서를 가장 잘 느낄 수 있는 곳이기도 하다. 또 산업화와 물질만능주의가 만연한 현대 사회 속에서도 따뜻한 인정과 순수함이 여전히 살아 있다. 이곳은 고도가 높다. 조금씩 고도를 높여 가고 있지만 낮은 지대에 살던 사람에게 해발 3,000m는 호흡에서부터 표시가 난다. 천천히 걷거나 행동이 작을 때는 그 차이를 느끼지 못하지만 조금 과격하게 움직이거나 말만 많이 해도 즉시 호흡이 빨라진다. 그래서 이곳에서는 자연히 겸손해진다.

사리모골에서 레닌봉 베이스캠프까지는 비포장도로다. 앞차가 일으키는 흙먼지 때문에 창문을 열 수가 없다. 이런 길을 한참 달리던 차가 갑자기 초원으로 들어섰다. 레닌봉 베이스캠프가 가까워졌다는 의미다. 초원 사이로 비좁게 난 골목길을 지프차는 조심조심 올라갔다. 첫 번째 호수가 나오고, 두 번째 호수가 또 나왔다. 이곳에는 42개의 호수가 있다고 한다. 드디어 천막촌 요르트가 보이고, 그 위로 위용을 자랑하듯이 레닌봉이 하얀 눈을 가득 이고 그 모습을 드러냈다. 푸른 초원 위에 하얀 요르트와 어우러진 설산은 또 하나의 비경이다.

　레닌봉은 키르기스스탄과 타지키스탄 국경에 걸친 파미르고원에서 두 번째로 높은 산이다. 이스모일소모니봉(해발 7,495m)이 발견되기 전까지 구소련에서 제일 높은 산이자 유럽 최고봉이었다. 세상과 동떨어진 고산 마을이 의외로 세계 각지에서 온 여행객과 트레킹족으로 붐비는 이유다. 레닌봉의 원래 이름은 카우프만봉이었으나 1928년 블라디미르 레닌의 이름을 따서 변경했다. 최근 타지키스탄 측에서 이란계 학자인 이븐 시나의 이름을 따서 이븐시나봉으로 개명하였으나 키르기스스탄 사람들은 여전히 레닌봉이라 부르고 있다.

철학이 담긴 모자 '아크 칼팍(Ak-Kalpak)'

이곳에선 설산에서 불어오는 시원한 공기에도 한낮의 태양에 화상을 입기 쉽다. 그래서 이곳 사람들은 높은 기온과 건조한 한여름에도 온몸을 감싸는 의복을 입는다. 종교적 이유도 있겠지만 이런 기후적 환경 때문에 여성들은 대부분 긴 옷에 천으로 머리를 감싸고, 남성들은 가운데가 높아 열이 바로 머리로 흡수되지 않도록 막아 주는 특별한 모자를 쓴다. '아크 칼팍'이라 부르는 전통 모자다. 이 모자는 눈 덮인 산봉우리를 닮았다. 네 개의 면으로 접기가 쉽고 펼쳐 머리에 쓰면 어떤 사람에게도 잘 맞는다. 네 면은 공기, 물, 불, 땅을, 면에 그려져 있는 네 개의 테두리 선은 생명을, 상단에 달린 술은 조상과의 관계를 상징한다고 한다. 모자 하나에도 이곳 사람들의 자연과 사람에 대한 깊은 철학이 담겨 있었다.

여행 일정

- ▶ 해발 4,665m 아크바이탈
- ▶ 호수 카라콜
- ▶ 국경 키질아트 보더
- ▶ 사리모골
- ▶ 레닌봉 갠니 요르트 캠프

숙소: Gany Yurt Camp(+966 774 00 8896)

15day 만년설에 둘러싸인 이슬람의 성지 오시(Osh)

설산이 예쁜 레닌봉

이른 아침을 먹고, 레닌봉 트레킹을 시작했다. 이곳은 해발 3,450m 고산 지대다. 한 발 한 발 천천히 걸어도 숨이 찼다. 다른 사람들은 안 그런 것 같은데 나만 그렇다. 어젯밤엔 하늘에 별이 총총했는데 새벽에 눈이 많이 내려 레닌봉이 훨씬 선명했다. 서서히 레닌봉을 향해 발걸음을 옮겼다. 높은 산이라 공기도 맑고 기분도 상쾌하다. 여기저기 예쁜 야생화가 만발했다. 레닌봉 베이스캠프까진 걸어서 2시간쯤 걸린다. 우리가 머무른 천막촌에서 서서히 걸어서 1시간쯤 가면 설산에서 내려오는 물을 건너기 위한 다리가 놓여 있다. 그곳까지 걸었다.

고산 지대에선 천막촌에도 밤이면 추위가 찾아온다. 몽골에서 게르라고 부르는 천막을 이곳 사람들은 유르트라고 한다. 유르트는 이곳 사람들의 주거 공간이며 여행객들의 숙소다. 유르트 안에는 두 개, 세 개, 네 개 … 등등 침대가 놓여 있다. 밤에는 추워서 난로에 불을 지피는데, 소똥이나 말똥 말린 것을 사용한다. 처음에는 냄새가 좀 있지만 금세 사라진다. 전기도 공급해 주는데 밤 8시부터 10시까지 딱 2시간이다. 이때를 놓치면 각종 전자 기기 충전이 어렵다. 잊지 말고 챙겨야 할 시간이다. 밤에는 기온이 급격히 내려가기 때문에 핫 팩이나 두꺼운 겨울용 옷이 필요하다. 밤에 화장실을 이용하기 위해선 조그만 플래시를 준비해야 한다. 고산 지대이다 보니 고산병에 필요한 약이나 조그만 산소통도 준비해 가면 좋다.

이 캠프는 전날 저녁 식사와 다음 날 아침 식사가 이용료에 포함되어 있다. 이용료는 1인 24불인데, 저녁 식사로는 수박과 양고기야채수프, 빵과 그린티, 오이 토마토 샐러드, 이곳 사람들의 주식인 요거트가 나왔는데, 양고기야채수프가 우리 입맛에 가장 잘 맞았다. 아침 식사는 타락죽, 유과, 계란프라이 등이 나왔는데 우유에 흰밥을 넣고 만든 타락죽이 별미였다.

여행 중에 가장 중요한 건 '배려'

트레킹을 마치고 오시로 출발했다. 가는 길은 광활한 초원이다. 때때로 몇 채의 유르트와 가축들이 풀을 뜯고 있는 모습이 보였다. 이곳에선 길을 달리다 보면 가끔은 소나 양 떼가 도로를 가득 메우고 마치 시위를 하는 것처럼 소동을 벌이기도 한다. 이것도 이곳에서만 볼 수 있는 또 하나의 장관이다. 하얀 설산과 어우러진 풍광을 보고 달리다 보면 작았던 마음이 훨씬 넓어지는 느낌이 들기도 한다. '여행에서 가장 중요한 것은 함께 다니는 사람들에 대한 배려'라고 어젯밤 룸메이트가 해 주시던 말씀이 생각난다. 저렇게 넓고 큰 대자연도 그들의 품 안에서 우리에게 더 큰 배려를 하고 있지 않는가! 한참을 달리다 보면 기이하면서도 형형색색의 모양을 한 산들이 눈에 들어온다. 세월의 흔적으로 만들어 낸 다양한 산들의 모습에 취해 길을 달리면 시간도 빨리 흘렀다. 레닌봉 캠프에서 오시 숙소까지는 4시간이 걸렸다.

오늘의 숙소는 '오스트리아 비앤비'다. 먼저 숙소에 짐을 풀고 근처에 있는 한국 음식점 대장금으로 갔다. 파미르고원 여행을 마치고 한국 음식을 먹을 수 있어 행복했다. 입에 맞는 다양한 메뉴와 소주, 맥주까지 있다. 막걸리도 있다. 이곳 음식은 어떤 것이든 다 맛이 있었는데, 특히 갈비탕이 맛있었다. 가성비 대비 고기 양도 많다. 국경을 넘어 오시까지 오는 길엔 환전소가 없다. 카운터에서 환전을 부탁했더니 흔쾌히 받아 주었다. 환전이 필요할 땐 가끔 식당 카운터에서 물어보자. 환전소를 찾지 않아도 쉽게 환전이 가능한 경우가 많다. 잠시 후 먼저 이곳에서 식사를 하고 간 일행에게서 전화가 왔다. 이곳에 핸드폰을 놓고 왔으니 찾아서 가지고 와 달라고 한다. 카운터에 물었더니 마침 보관하고 있었다. 찾아 줄 수 있어서 다행이었다.

키르기스스탄 제2의 도시 오시

오시는 중앙아시아에서 가장 오래된 정착지 중 한 곳이다. 오시는 태고 시대 이래로 성스러운 산으로 존경받는 남쪽 술라이만산의 산허리에서 발견된 청동 시대 농부들의 정착과 관련이 있다.

오시는 예로부터 비단 생산의 중심지로 실크로드를 따라서 일찍이 8세기부터 그 이름이 알려졌다. 중세 인도와 중국에서 유럽까지 이어지는 무역로의 교차점으로 번성한 도시다. 실크로드의 한 길이 오시를 통과하여 동양과 서양을 연결하는 중심지가 되었다.

지금은 키르기스스탄의 제2의 도시가 된 오시는 하얀 눈으로 뒤덮인 파미르알라이(Pamir Alay)산맥과 페르가나(Ferghana)산맥 사이 평원에 자리하고 있다. 키르기스스탄 남부의 정치적 요충지이며 곡창 지대다.

톈산산맥에서 흘러 내려온 나린강과 카라다리야강은 키르기스스탄,

우즈베키스탄, 타지키스탄 세 나라의 접경지 페르가나 계곡에서 만나고, 다시 중앙아시아의 젖줄 시르다리야강으로 합쳐져 아랄해로 흐른다.

지금은 인구 22만의 비록 작은 키르기스스탄 제2의 도시이지만, 그 옛날 실크로드 시대에 중국의 대상 행렬이 힘겹게 텐산산맥을 넘어와 제일 먼저 찾는 오아시스도 이곳 오시였다. 19세기 러시아와 영국이 중앙아시아를 놓고 교역의 주도권 다툼을 할 때도 오시는 그 중심에 있었다.

이슬람의 성지 술라이만산(Sulayman Mountain)

술라이만산은 오시의 가장 유명한 랜드마크 중 하나로, 이 산은 고대부터 종교적, 문화적인 중요성을 지니고 있으며, 지금도 많은 순례자들이 찾고 있다. 산 정상에는 다양한 역사적 유적과 이슬람 사원이 있다. 특히, 바바티그르 사원(Babur's House)은 16세기 무굴 제국의 창시

자인 바부르가 지었다고 전해지고 있다.

 이슬람 무슬림의 성지 술라이만산은 오시 시내 한복판에 우뚝 솟아 있다. '술라이만'은 솔로몬의 아랍식 표현이다. 이 산은 야트막한 바위산이지만 2009년 유네스코 세계문화유산으로 등재되었다. 시내 어느 곳에서 보아도 잘 보이는 오시의 명소이다. 이 산의 이름으로 등장하는 '술라이만'은 코란에 등장하는 성인이다. 구약 성서에 나오는 솔로몬왕에 해당하는 인물이다.

 이 바위산은 절벽을 깎아 만든 계단이 시내 쪽으로 나 있어 이곳을 통해서 올라올 수도 있다. 계단을 오르다 보면 군데군데 나무에 오색 천이 묶여 있는데 이 오색 천은 이 산에서 기도하면 아들을 낳을 수 있다는 전설에서 연유한다. 우리나라에서 성황당 나무에 소원을 담은 천이나 실을 매달아 놓은 모습과도 흡사했다.

해 질 무렵 이곳에 올라 붉게 물들어 가는 석양을 볼 수 있었다. 석양 아래 내려다보이는 오시는 넓고도 아름답다. 오래된 도시라서 그런지 높은 건물이 없고, 쭉 늘어선 함석지붕의 낮은 집들이 정겹다. 산 아래 붉은색 건물은 오시주립대학교인데, 색깔 때문인지 유난히 눈에 잘 띄었다.

오시는 유라시아로 통하는 실크로드의 관문이다. 이곳에 있는 술라이만산에는 치유와 복을 비는 사람들이 많다. 그래서 그런지 늦은 시간인데도 가족과 함께 이곳을 오르는 사람들이 많았다. 산을 내려오다 이곳에 사는 여대생 두 명을 만났다. 그들의 입에서 나온 "한국 사람?"이라는 말 때문에 발걸음을 멈추고 인사를 나눴다. 이곳에는 한국인에게 호감을 갖고 인사를 건네는 사람이 많다.

오시에서는 길에서 아무 택시나 잡아타도 기본요금이 200숨(한화 3천 2백 원)이다. 택시를 타고 숙소로 돌아왔다. 숙소의 대문 번호 키가 흥미롭다. 세 개의 번호를 동시에 누르고, 손잡이를 잡고 밀면 문이 열린다.

여행 일정

▶ 레닌봉 트레킹
▶ 오시 자유투어
▶ 술라이만산 트레킹
숙소: Astoria B&B

Kyrgyzstan

중앙아시아의 알프스라 불리는 나라
때 묻지 않은 아름다운 천혜의 자연과 소박한 사람들의 나라
시간이 허락한다면 난 이곳에서 마냥 머물고 싶다.

7. 중앙아시아의 알프스, 키르기스스탄(Kyrgyzstan)

16day 비단 생산의 중심지 오시(Osh)

　여행에서 휴식도 아주 중요하다. 여행을 하다 보면 어느 순간 피곤이 밀려올 때가 있다. 6일 동안 파미르고원을 거침없이 달려왔다. 잠시 쉬고 싶은 생각이 간절했다. 여행은 속도가 아니라, 여유라고 한다. 파미르의 아름답고 좋은 풍경들을 만나면서도 소화해야 할 여행 일정 때문에 쉼이 없었다.

　어제 이곳에 도착한 이후부터 계속 잠만 자고 싶었다. 그래서 오늘은 침대에서 하루의 반 이상을 보냈다. 이리저리 뒤척거리며 자다 깨다를 반복했다. 근데 그 시간이 너무도 편하고 행복했다.

　키르기스스탄이 아름답기가 여느 나라 못지않다고 한다. 어떤 이는 '동양의 스위스'라고도 말한다. 그렇게 아름다운 말들을 수식어로 담은 나라라면 정말 아름다운 나라일 것이다.

3,000년의 역사를 가진 오시 바자르(Osh Bazaar)

오시 바자르(Osh Bazaar)는 중앙아시아에서 가장 오래되고 큰 전통 시장 중 하나로, 현지인과 관광객 모두에게 인기 있는 장소다. 이 시장은 다양한 상품들로 가득 차 있으며, 특히 신선한 과일과 채소, 향신료, 전통 음식, 수공예품 등을 판매한다. 오시 바자르는 활기찬 분위기와 다양한 문화적 경험을 제공하며, 현지 생활을 가까이에서 체험할 수 있는 곳이다.

늦은 점심을 대장금 식당에서 해결하고 오시 바자르(Osh Bazaar)에 갔다. 바자르는 크고 넓었다. 먼저 바자르에 들어가 쇼핑을 시작했다. 쇼핑의 매력은 깎는 데 있다. 400솜을 달라는 반바지와 면티를 깎아서 350솜에 샀다. 내가 산 옷은 비싼 것은 아니지만, 이곳 서민들이 입는 옷이라 그냥 좋았다.

이 바자르에서는 오시의 전통 음식을 맛볼 수 있다. 대표적인 음식으로는 쁠롭(Plov, 우즈베크식 볶음밥), 라그만(Laghman, 짬뽕 같은 면 요리), 삼사(Samsa, 고기파이) 등이 있다. 이 바자르에서는 다양한 지역 음식을 맛볼 수 있으며, 이곳 현지인들과 관광객들에게 인기가 많다.

바자르에서 나와 호텔로 돌아오기 위해 택시를 탔는데, 얼마 가지 않아서 술라이만투 공원이 보였다. 술라이만투 공원으로 들어가는 또 다른 입구다. 나는 어제 70솜을 주고, 이 나라 국기가 펄럭이는 정상까지 오르며 오시의 아름다운 풍경을 봤다. 택시에서 내려 공원 주위를 둘러보았다. 공원 중앙에는 커다란 키르기스스탄의 국기가 서 있고 그 주위에는 예쁜 꽃들이 심어져 있어서 공원이 참 아름다웠다. 공원에서 나오니 도로 건너편에 빨간 벽돌 외장이 아름다운 오시주립대학교가 보인다. 마침 토요일 오후라 학교에 들어갈 수 있었다. 학교는 그리 크지 않았으며 아담하고 예뻤다.

아름다운 청년 바쿠시

오시주립대학교 앞에서 아주 반가운 사람을 만났다. 한국말을 아주 잘하는 키르기스스탄 사람 바쿠시다. 바쿠시는 아주 친절하고 아름다운 청년이다. 이곳 오시에서 노모를 모시고 산다고 한다. 그는 한국에서 6년간 아파트 새시 마감일을 해서 돈을 벌었다고 한다. 지금은 고향 오시로 돌아와 중장비 한 대, 자동차 두 대를 사서 사업을 한다고 한다. 도시 여러 곳을 안내해 주며 우리의 여행 친구가 되어 주었다. 잠시 후 바쿠시는 우리를 자기 집으로 안내했다. 집에는 그의 노모가 계셨는데 우리를 반갑게 맞이해 주었다. 만두와 옥수수, 따뜻한 차를 내오며 환대했다.

여행 일정

▶ 오시 바자르

▶ 라보바 하우즈 모스크

▶ 오시 역사 박물관

▶ 오시 중앙 공원

▶ 오시 주립대학교

▶ 바쿠시의 집

숙소: Koisha Hostel

17day 키르기스스탄의 최대 도시 비슈케크(Bishkek)

비슈케크는 키르기스스탄의 수도이자, 최대의 도시이다. '비쉬케크', '비쉬켁', '비슈켁' 등으로 불리기도 한다. 옛 소련 시대의 '프룬제'라는 지명으로도 유명하다. 인구는 약 110만, 키르기스스탄 전체 GDP의

40% 정도를 차지하고 있다. 중앙아시아 작은 나라의 수도라는 인식과는 달리 인천 국제공항에서 주 1회 직항이 있다.

옛 실크로드의 중심지에 위치하곤 있지만 역사가 깊은 도시는 아니고, 1878년 러시아 제국 군대가 주둔지를 건설하면서 생긴 도시이다. 러시아 혁명으로 제정이 무너진 뒤 1926년 비슈케크 출신의 공산주의자 미하일 프룬제 장군의 이름을 따서 프룬제로 불리기도 했다. 1991년 소련이 붕괴하고 키르기스스탄이 독립하면서 비슈케크라는 이름으로 불리게 되었다고 한다.

이른 아침 공항에 도착했다. 공항까지는 어제 만났던 바쿠시가 자기 차로 데려다주었다. 오시에서 택시를 이용했다면 보통 200솜을 주었을 것이다. 공항까진 30분 정도 소요됐다. 오시 공항은 국제선과 국내선이 함께 있다. 국내선 비행기는 카운터 2, 3, 4에서 발권한다. 이곳에선 나이 많은 어른이나 어린이를 동반한 젊은 엄마에겐 양보를 베푸는 것이 일상화되어 있다. 발권을 기다리는데 아이 두 명과 나이 지긋한 노인을 모신 한 아낙이 우리 앞에서 새치기를 했다. 참 어이없다는 생각이 들 찰나, 이곳에서는 으레 벌어지는 풍습이라는 것을 알게 되었다. 우리나라에서도 전에 많이 보던 모습인데, 이런 좋은 풍습을 찾아볼 수 없게 되었다는 것이 안타깝기도 했다. 공항에서 환전을 했는데, 1달러당 8.3솜으로 바꿔 줬다. 공항에서의 환율은 언제나 높다는 사실을 또 체감한다.

오시에서 아침 7시 35분 비행기를 타고 비슈케크에 내리니 40분쯤 소요되었다. 현재까지 중앙아시아 여행 3개국 중에서 공항에서 수도로 들어오는 도로가 가장 넓고 잘 뚫려 있다. 길 양쪽에는 크고 쭉쭉 뻗은 가로수 미루나무가 장관을 이루고 있었다. 코이샤(Koisha) 호스텔까지는 택시로 30분쯤 걸린다. 공항 주차장에는 택시 호객꾼들이 많은데, 이곳에서도 얀덱스 고 택시가 있다. 얀덱스 고 택시 앱을 이용하면 쉽게 택시를 잡을 수 있는데, 우리는 주차장에서 서성거리는 택시 기사에게 물어 얀덱스 고 택시를 타고 호텔까지 왔다. 택시비는 720솜, 택시 기사는 친절한 사람이었다. 우리의 숙소 코이샤 호스텔은 정확히 오후 2시에 체크인을 한다. 호텔에 짐을 맡기고 오시 바자르로 갔다.

비슈케크에 있는 오시 바자르(Osh Bazaar)

　오시 바자르는 코이샤 호스텔 근처에 있는데, 시장이 아주 크고 다양한 물건들을 팔고 있었다. 입구에서 노란 셔츠를 한 개 샀는데, 150솜(한화 2천5백 원)이다. 정말 싸다. 이곳에선 소매치기를 조심해야 한다. 실제로 이곳에서 소매치기를 당했다는 후기들이 많다. 바자르에 들어서면 반찬 가게가 있는데, 이 반찬 가게에서 파는 오이김치는 우리나라에서 먹어 본 오이김치보다 훨씬 맛있다는 생각이 들었다. 좀 더 안쪽으로 들어가면 각종 견과류와 곡류들이 진열되어 있고, 고기 시장에서는 말고기와 닭고기, 돼지고기 순으로 많은 양의 고기들이 진열되어 있었다. 고기 시장을 지나면 조그만 식당이 있다. 여러 가지 음식을 파는데 이곳 시장 상인들이 이용하는 식당이다. 삼사와 샤슬릭을 시켰는데, 아주 맛있었다. 의류상에 들러 여기저기 진열된 옷들을 구경했다. 이곳의 의류 시장은 정말 크고 옷들도 다양했다. 오시에서 갔던 바자르와는 비교가 안 될 만큼 크고 다양한 물건들이 많았다. 이곳에선 노란 모자를 하나 샀다. 내가 산 모자는 이곳 바자르를 통틀어 한 개밖에 없는 독특한 모자다.

알마티(Almaty)로 가는 국제 버스

2시간 정도 시장 구경을 한 뒤, 간 곳은 카페다. 카페에서 아이스크

림을 먹으며 또 1시간쯤 머물렀다. 정확히 오후 2시가 되자 숙소인 코이샤 호스텔 체크인을 할 수 있었다. 방은 아주 깔끔하고 마음에 들었다. 체크인 후 8월 5일 알마티로 가는 국제 버스를 예약해야 했다. 버스표는 이곳에 있는 서부 터미널에 가서 사야 하는데, 여권을 제시해야 한다. 호텔 앞에서 7번 버스를 타면 그곳에 갈 수 있다. 버스 요금은 20솜(한화 330원)이다. 우리는 택시를 탔다. 택시비는 90솜, 좀 더 빨리 오는 택시를 타면 160솜이다. 버스 티켓은 버스 터미널 1층 2번 창구에서 발매하고 있었다. 알마티까지는 인당 600솜인데, 수수료가 30솜이 있다. 총 630솜이다. 알마티까지 가는 버스는 2시간마다 있다. 10시, 12시, 14시… 등.

키르기스스탄은 영토의 대부분이 산으로 둘러싸인 나라다. 경치가 아름답고 물이 맑아 중앙아시아의 스위스라는 별명을 가지고 있으며 해마다 많은 관광객들이 찾고 있다. 키르기스스탄 사람들은 영어보다는 러시아어를 많이 사용한다. 영어에 익숙한 우리에게 이곳 여행은 이런 점에서 매우 불편한 점이 많다. 그러나 다행인 것은 구글 번역을 이용하면 이곳 사람들과도 소통이 그리 어렵지 않다는 것이다.

이곳에서 유명한 곳은 '쭘'이라고 불리는 거리다. 우리가 찾아간 '쭘' 거리는 핸드폰이나 텔레비전 등을 파는 전자 상가였다. '쭘'거리를 지나 한 블록 정도를 걸으니 승리의 광장이 나왔다.

승리의 광장

　추모 공원에 도착했다. 아직도 햇살이 따갑다. 승리의 광장이라고도 불리는 이 추모 공원은 1945년 제2차 세계대전에서 소련이 승리한 것을 기념하고, 전사자들을 추모하기 위해 만들어진 공원이다. 공원에는 종전 40주년을 기념하여 1985년에 세워진 기념탑이 있다. 기념탑 꼭대기에는 승리의 월계관이 올려져 있고, 밑에는 꺼지지 않는 불꽃이 타오르고 있다. 공원은 시내 한복판 넓은 광장에 기념 동상과 전승 기념탑, 화사한 꽃밭으로 아름답게 조성되어 있었다. 잠시 후 쭘(Zum) 쇼핑몰에 들러 예쁜 모자 하나를 샀다.

알라투 광장(Ala-too Square)

알라투 광장은 비슈케크 중심에 있다. 이 광장의 주요 인물은 마나스(Manas) 장군이다. 마나스의 뒤편으로 보이는 곳은 국립 역사 박물관으로 튀르크의 지원을 받아 개원하였다. 원래 이 광장은 1984년 키르기스 소비에트 사회주의 공화국 60주년을 기념하기 위해 지어졌으며, 당시에는 레닌의 거대한 동상이 광장의 중앙에 서 있었다. 따라서 키르기스스탄이 1991년 독립하기 전까지는 레닌 광장으로 불리던 것이 2011년 키르기스스탄 독립 20주년을 기념하기 위해서 마나스 동상으로 교체되었다고 한다.

키르기스스탄에서 마나스는 영웅이다. 키르기스스탄에서는 마나스 대서사시(마나스의 영웅담 이야기)를 쉬지 않고 말하는 대회가 있을 만큼 유명하다. 마나스 혹은 마나스 대서사시(Mahac Deestanti, 튀르키예어)는 현재 키르기즈 공화국의 주요 민족인 투르크계 키르기스 민족들 사이에서 전해져 내려오는 영웅 서사시이다. 이 작품은 전 8부로 구성되어 있다. 그 전체는 가장 긴 제1부의 주인공 마나스의 이름을 따서 〈마나스〉로 불린다. 마나스를 시작으로 아들 세메테이(Semetey), 손자 세이테크(Seytek)로 이어지며, 키르기스 민족의 귀족인 마나스와 그 자손들의 이야기가 8대에 걸쳐 이어진다. 마나스 대서사시의 주 내용은 키르기스와 카르마스(서 몽골족), 오이라트 등 주변 부족들과의 전투를 그리고 있다. 전투 과정에서 발생하는 일화를 중심으로 찬양, 애도, 영광, 풍자, 경고 등 다양한 주제를 담고 있다. 〈마나스〉는 일반적인 영웅 서사시와 마찬가지로 유목민 사회의 관습이 도처에 등장하고 있어 사회사적 자료로도 가치를 지닌다.

여행 일정

▶ 비슈케크 오시 바자르

▶ 비슈케크 서부 터미널

▶ 승리의 광장

▶ 알라투 광장

숙소: Koisha Hostel

18day 석양이 아름다운 호수 송쿨(Song Kul)

미나렛 부라나 타워(Burana tower)

비슈케크를 떠나 송쿨로 향했다. 우리 일행은 두 대의 차량에 나눠 탔다. 출근 시간대라서 그런지 차량이 계속 지체됐다. 30분쯤 지정체를 번갈아 가며 느릿느릿 가던 차가 톡마크(Tokmok)를 지나서야 길이 뚫렸다. 가는 길에 부라나 타워에 들렀다. 날씨는 맑지 않고 미세먼지가 많은 날이다. 기온마저 높아 톈산산맥의 설산이 모두 녹아내렸다. 부라나 타워의 매력은 타워에 올라 톈산산맥에 쌓인 눈을 보며 사진 촬영을 하는 것인데, 아쉬움만 남겨 놓고 탑에서 내려왔다.

부라나 타워는 키르기스스탄 북부 발라사군 추이 지역에 있는 탑으로 옛 카라한 왕조의 도읍지 발라사군(Balasagun)에 있는 유적 중 하나다. 부라나는 사방을 두꺼운 성벽으로 둘러싼 도시로 이 미나렛은 도시 중심에 자리 잡고 있고, 인근에 궁전 모스크나 금요 모스크가 있었던 것으로 보인다. 건축 기술이나 당시의 정치적 상황을 볼 때 11세기 건축물로 추정된다. 부라나 미나렛은 3.85m 높이의 팔각형 받침 위에 건축하였다. 원통형으로 위로 갈수록 좁아지는 미나렛의 높이는 17.82m라고 한다. 카라한 왕조와 셀주크 왕조의 전형적인 양식으로 지어진 이 미나렛은 카라한 왕조 초기의 건축물로 역사적인 가치가 매우 크다고 한다.

멍때리기 좋은 호수, 송쿨(Song Kul)

조그만 시골 마을에 들러 점심을 먹었다. 점심 식사는 맛있었다. 삼사(속에 양고기와 양파가 든 만두) 한 접시, 양고기수프 2그릇, 양고기 샤슬릭 2개, 콜라 1병, 그린티 한 주전자를 주문했다. 4명이서 양은 적당했다. 특히 양고기수프가 맛있었다. 음식을 주문하는 데도 말이 안 통하니 어려움을 느낀다. 영어, 러시아어, 키르기스어 등을 모두 사용해 겨우 주문을 마쳤다. 다른 메뉴는 이곳 식당에서 만드는데, 샤슬릭은 다른 식당에 가서 구해 온다. 계산도 이 집에서 나온 음식값과 샤슬릭값을 따로 계산한다. 요금은 1,600솜이다. 이 중 양고기샤슬릭(양꼬치)값이 600솜이었다.

점심 식사 후 뷰가 좋은 곳에 들러 사진 촬영도 하고 미니 트레킹도 하면서 쉬엄쉬엄 송쿨로 향했다. 9시간의 여정 끝에 오후 6시에 송쿨에 도착했다. 송쿨로 오는 내내 넓은 초원에는 수많은 양 떼가 무리 지어 풀을 뜯고 있었다. 멀리에는 쌍봉낙타도 무리를 지어 가고 있다. 송쿨은 넓고 아름답다. 단지 아쉬운 것이라면 호수 주변의 산에 눈이 모두 녹아 하얀 설산에서 뭉게뭉게 피어나는 구름이 어우러진 맑은 하늘을 볼 수 없다는 것뿐이었다.

오후 7시에 저녁 식사를 했다. 메뉴는 양고기수프, 빵, 수박, 그린티와 커피가 전부다. 이용료는 저녁과 조식 포함 2,500솜이다. 유르트는 호수를 향해 나란히 늘어서 있는데 그 앞 벤치에서 바라보는 저녁노을이 좋다. 서산으로 넘어가는 석양을 바라보며 멍때리기에 아주 환상적인 장소다. 잠시 머무르다가 내일 아침이면 또 이곳을 떠나겠지만, 오래도록 기억에 남을 것 같다.

해외여행 시 가장 중요한 것 세 가지

여행 중에 가끔 핸드폰을 분실하고 안타까워하는 사람들을 만나곤 한다. 이곳에 도착해서 유르트 앞 벤치에 앉았는데, 그곳에도 핸드폰 한 개가 떨어져 있었다. 주워 들고 보니 여행자의 것이 분명했다. 잠시 보관하고 있는데, 눈물을 글썽이며 무언가를 열심히 찾고 있는 여성이 나타났다. 분명 핸드폰을 찾고 있겠거니 생각하여 핸드폰을 잃었느냐고 물었고, 그녀는 핸드폰을 떨어뜨린 사람이 맞다고 했다. 그녀는 약간 기울어진 벤치에 앉아 있었는데 자신도 모르는 사이 핸드폰이 땅에 떨어진 것이었다. 핸드폰을 그녀에게 돌려주자, 눈물을 닦고 무어라 말할 수 없는 표정을 지으며 고마워했다. 땅에서 주운 핸드폰의 주인을 찾아 줄 수 있어서 행복했다.

　송쿨은 넓고 평평해서 말타기에 좋은 장소다. 시간당 500솜이라고 하니 말타기를 좋아하거나 말타기에 관심이 있는 사람이라면 말을 타 볼 수 있는 아주 좋은 기회다. 꼭 도전해 보길 바란다. 석양과 함께 어우러진 말을 타는 사람들의 모습은 더더욱 아름답다.

　해외여행을 할 때 가장 중요한 것은 첫째 여권, 둘째 핸드폰, 셋째 현금이다. 이 셋 중에 하나라도 분실하게 된다면 여행 중에 아주 난처한 지경에 빠질 수 있다. 어젯밤 우리가 머물렀던 숙소에서 도난 사고가 있었다. 일행 방의 잠긴 문을 따고 들어와 핸드백 안에 있던 현금 1,200달러와 7,000숨을 몽땅 가져간 것이다. 정말 다행스러웠던 것은 핸드폰과 여권에는 손을 대지 않았다는 점이다. 이 방에는 두 사람이 투숙을 했는데, 한 분이 시내 관광을 마치고 먼저 들어와 샤워를 하는 사이 도둑이 들은 것이다.

　즉시 영사관에 전화를 걸어서 신고를 했고, 잠시 후 5명의 경찰관이

조사를 하러 왔다. 사건의 내막을 조사하는 과정에서 CCTV에 찍힌 도둑의 인상착의를 파악할 수 있었고, 얼마 안 돼서 도둑은 잡힐 것이라는 얘기를 들을 수 있었다. 여행 중에 물건을 도난당했거나 분실을 했을 경우 가끔은 보상이 나올 때도 있다. 보험을 들었다면 더욱더 확실한 보상을 받을 수도 있을 것이다. 하지만 꼭 알아 두어야 할 것이 있다. 이번 경우처럼 현금을 분실했을 때에는 보상받기가 어렵다는 것이다. 따라서 최선의 방법은 분실물이 발생하지 않도록 각별한 주의를 기울여야 한다는 것이다.

여행 일정

▶ 미나렛 부라나 타워

▶ 호수 송쿨

숙소: Song Kul Yurt Camp

19day 이식쿨(Issyk kul)의 숨은 보석 보콘바예보(Bokonbayevo)

송쿨에서 바르스콘 게스트 하우스까지는 차로 9시간이 걸린다. 가는 길은 울퉁불퉁한 산길을 올라야 한다. 아침부터 추적추적 비가 내린다. 가는 도중에 26개의 지그재그 길이 나오는데, 앵무새길 빠꾸가이라고 불린다. 이 길은 트레킹을 하기에 아주 좋은 길이다. 비가 와서 트레킹을 할 수 없어서 아쉬웠다.

그림 같은 작은 마을 바르스콘

보콘바예보라는 마을에서 점심을 먹었다. 로컬푸드점에서다. 점심 메뉴는 말린 소고기볶음, 오므라이스, 라그만, 스테이크프라이를 섞은 밥이다. 이곳 사람들이 많이 애용하는 곳이란다. 어제 점심 식사 메뉴보다는 비주얼도 좋고 맛도 있었다. 밥값도 절반인 830솜이다. 여행 중에 가끔 이런 음식점을 만나는 것도 행운이다.

숙소는 이식쿨 근처에 있는 바르스콘 게스트 하우스다. 이식쿨은 세계에서 두 번째로 큰 산정 호수로 키르기스스탄 동쪽에 위치해 있다. 길이 170km, 폭이 70km인 이 호수는 추운 중앙아시아의 겨울 날씨에도 얼지 않는다. 이식쿨은 키르기스어로 '따뜻한 호수'라는 뜻이다. 오늘의 숙소는 이곳의 작은 마을 보콘바예보에 있다. 보콘바예보 근처에는 동화 속의 협곡 '스카즈카(Skazka)'가 있다.

숙소에 도착하니 주인아주머니도 이 집 아이들도 모두 나와 반겨 줬다. 인적이 드문 이곳에선 집에 사람이 온다는 게 기쁨인가 보다. 이 집 마당에는 살구나무가 있었는데 나무에서 바로 따 먹는 살구는 무척 맛있었다. 아이들이 나무에 올라가 직접 따다 주기도 했다. 우리가 머물 이 숙소는 유르트도 있고, 공용 화장실을 쓰는 룸과 욕실이 딸려 있는 룸이 있다. 이용료는 1,800솜, 2,000솜, 2,300솜 각각 가격이 다르다. 더블베드가 놓인 유르트에서 하루를 보냈다.

이식쿨 근처에서의 치맥

잠자리를 정하고 천천히 걸어서 슈퍼마켓을 찾아 마을로 향했다. 숙소에서 마을에 있는 슈퍼마켓까지는 2km 떨어져 있었다. 걸어서 20분쯤 걸렸다. 맥주가 마시고 싶어서 슈퍼마켓을 찾아왔는데 이곳에서는 맥주를 팔지 않는다고 했다. 이곳 말로 맥주는 비버라고 한다. 비버는 여기서부터 2km 떨어져 있는 또 다른 슈퍼마켓에서 판다고 했다. 비버를 향해 또다시 길을 걸었다. 가는 도중에 치킨집을 발견했다. 치킨집에 들러 12조각 치킨 세트를 주문해 놓고서 300m 떨어진 슈퍼마켓으로 향했다. 그곳에서도 맥주는 팔지 않았다. 구글 번역기로 맥주를 파는 슈퍼마켓의 위치를 물으니 다행히도 옆에 또 다른 슈퍼마켓에서 팔고 있다고 했다. 4km를 걸어가서야 겨우 맥주 2병과 물 한 병을 살 수 있었다. 치킨집에 들러 주문했던 치킨 세트를 찾아 들고 숙소까지 오려고 하니 너무 멀다는 생각이 들었다. 치킨집은 40대로 보이는 젊은 부부가 운영하고 있었는데, 그들에게 부탁해서 그들의 자가용 지프차를 얻어 타고 숙소로 돌아왔다. 그렇게 해서 이식쿨 근처 이 마을에서 치맥을 할 수 있었다.

여행 일정

▶ 앵무새길 빠꾸가이 트레킹
▶ 바르스콘

숙소: Barskoon Guest house

20day 키르기스스탄의 알프스 카라콜(KaraKul)

　카라콜은 중앙아시아의 알프스라고 불릴 정도로 아름다운 곳이 많은 자연의 도시다. 키르기스스탄의 동쪽에 있으며, 이식쿨주의 주도이고 수도인 비슈케크에서 380km 정도 떨어져 있다. 인구는 6만 7천여 명이고, 중앙아시아에서 최고로 환상적인 스키 여행을 즐길 수 있는 곳이다. 아름다운 트레킹 코스가 많아서 러시아의 탐험가인 니콜라이 프르제발스키(Nikolay Przhevalsky)가 살았던 곳이기도 하다. 한때는 그의 이름을 따서 프셰발스크란 이름으로 불리기도 했다. 아직 운행하는 항공은 없고 차를 이용해 육로로 이곳에 갈 수 있다.

둔간 모스크(Dungan Mosque)

　이곳엔 아름다운 중국 건축 양식의 목조 건물인 둔간 모스크가 있다. 이 모스크는 지을 때 못을 하나도 사용하지 않았다고 한다. 지붕의 모서리엔 황금으로 된 용머리가 있고 지붕 아래 처마는 다층으로 되어 있다. 기둥은 모두 황금색으로 치장되어 멋스러움을 더하고 있다. 이 모스크는 중국계 무슬림의 종교적 중심지이기도 하다.

성 삼위일체 대성당(Holy Trinity Cathedral)

　예전에 러시아의 군사 기지였던 이곳엔 요즘 젊은이들이 많이 찾는 포토 스팟이 있다. 바로 러시아 정교회 삼위일체 대성당인데, 그 모습이 아주 고전적이며 우아하다. 러시아의 전통 방식의 목조 건물과 이슬람 양식의 돔형 5개의 녹색 지붕이 잘 어우러져 감성 충전에 안성맞춤이다. 별도의 입장료 없이 자유롭게 입장할 수 있으나 내부에선 사진 촬영이 금지되어 있다.

키르기스스탄 인구의 75%가 이슬람교에 속하고 나머지 25%가 러시아 정교회와 그 밖의 종교에 속해 있다. 입구에서 바라본 성당 건물에서 이곳이 외국임을 실감나게 했다. 카라콜을 찾는 관광객에게 가장 인기 있는 명소 중 하나이다. 키르기스스탄 문화 유적지 탐방을 계획했다면 반드시 이곳에 들러 성당의 아름다움에 취해 보고 사진도 찍어 보길 권한다.

＊둔간 모스크(좌), 성 삼위일체 대성당(우)

외계 행성 같은 협곡, 스카즈카(Skazka)

오늘은 알틴아라샨 트레킹을 하기 위해서 바르스콘 게스트 하우스에서 키르기스스탄의 알프스라 불리는 카라콜에 있는 작은 마을 악수까지 가야 한다. 9시에 출발한 우리 일행은 한 시간 30분쯤 달린 후에 스카즈카 협곡에 도착했다. 스카즈카 협곡은 산의 지형이 다른 산들과 아주 다른 독특한 지형이다. 산 정상에 오르면 멀리 이식쿨이 눈에 들어오고, 산 바로 아래가 내려다보이는 기이한 지형이다.

 스카즈카 협곡은 '동화 같은 협곡'이라고도 불린다. 스카즈카는 러시아 말로 '이야기'라는 뜻이다. 말에 담긴 의미처럼 수천 년 세월 동안 이루어진 지각 변동으로 아름답고 다양한 예쁜 지형이 만들어졌다.

 미지의 계곡 사이로 난 산길에 들어섰다. 갑자기 눈앞에 기막힌 풍광이 나타났다. 기대감이 50에서 100 이상으로 올랐다. 눈은 커지고 말문이 막히며 감동 상태다. 심장이 벌렁거리며 온몸이 곧 정지됐다. 갑자기 툭 튀어나온 이색 풍경에 놀랐다. 높은 봉우리서 바라본 풍광이 기막히다. 이식쿨이 저 멀리 내려다보였다. 시원한 바람이 몹시 상쾌했다. 스카즈카가 소설 속 어린 왕자를 불렀다.

 이곳은 먼 옛날엔 호수였는데 물이 줄어들고 비바람에 노출되면서 지각 변동으로 인해 지금의 모습이 되었다고 한다. 어렸을 때 보았던 공상 과학 영화에 등장했던 외계 행성에 내가 와 있는 것 같은 착각이 들기도 했다. 이곳엔 형형색색의 자연이 빚은 조각품들이 가득하고, 마치 동화 속에서나 만날 법한 미로들로 가득했다. 파란 하늘 아래 예쁘게 빚어진 진한 황톳빛의 사암 계곡 이곳저곳을 감상하며 사진을 찍다 보면 어느새 반나절이 훌쩍 지나가 버린다. 넓고 울퉁불퉁한 곳들이 많아 이곳을 돌아다니려면 등산화를 신는 것이 좋을 듯하다. 마음에 맞는 사람들과 나들이 삼아 하루 정도 거닐어도 좋을 만한 아름다운 곳이다.

 산속 계곡에 있는 작은 음식점에서 점심 식사를 했다. 이곳에서는 송어구이를 먹었는데, 송어구이를 먹기 위해선 예약을 해야 한다. 1인당 650솜의 식사비가 필요하다. 운전기사 졸도쉬가 미리 예약을 해 두었기 때문에 점심 식사로 송어구이를 먹을 수 있었다. 점심 식사 후 멀리 이식쿨을 중심에 두고 차는 또다시 열심히 달렸다.

카라콜의 미인 콕자익 계곡(Kok Jaiyk Valley)

콕자익 계곡에 도착했다. 유클리드의 동상이 있는 곳이다. 길 왼쪽에는 크고 작은 아름다운 폭포가 두 개 있다. 먼저 큰 폭포 쪽을 향해 트레킹을 했다. 큰 폭포가 있는 곳까진 20분쯤 걸린다. 폭포에서 흘러내린 물은 맑고도 힘차게 아래로 흘렀다. 물소리가 크고 웅장해 무척 상쾌하다. 서서히 폭포에서 내린 물줄기를 따라 오르면 장엄함을 자랑하는 폭포가 천 길 낭떠러지처럼 아찔하다. 큰 폭포에서 내려와 작은 폭포까지는 30분쯤 걸린다. 큰 폭포에 비해 크기는 작지만 작은 폭포까지 가는 길엔 야생화들이 많이 피어 있고, 폭포는 비록 작지만 그만의 아름다움이 있다.

일곱 마리 황소를 닮은 제티 오구스(Jety-Oguz)

 카라콜 가까이에 있는 제티 오구스 계곡에는 일곱 마리의 황소를 닮은 황토색의 언덕 7개가 나란히 서 있다. 어디에서도 보기 드문 형태의 황톳빛 지형이다. 어떤 곳에는 마치 삽으로 깎아 놓은 듯이 반듯하게 위에서 아래로 깎여 내린 곳도 있다. 대자연의 조화는 정말로 정교하다.

어제 돈을 도둑맞은 일행 중 한 사람의 일 처리를 위해 작은 도시 카라콜에 잠시 들렀다. 카라콜은 키르기스스탄 고대 민족의 거주지다. 고대 민족의 거주지답게 공원 한복판에는 이곳 고대 민족의 지도자의 동상이 자리를 지키고 있다. 키르기스스탄에서는 매월 말일엔 오후 3시면 공무가 끝이 난다고 한다. 하는 수 없이 사설 사무실에 들러 일 처리를 해야 하는데, 시스템이 다운되어 일 처리가 쉽지 않았다. 일 처리가 마무리되는 동안 카라콜 시내를 둘러보았다. 이곳이 키르기스스탄의 제3의 도시라고 하는데, 조용하고 한가한 도시였다. 지금은 공항이 만들어지기 위해 공사 중인 도시이기도 했다.

한국어 가이드 알마스는 졸도쉬(길동무)의 처남이다. 그는 한국 김포에서 대학을 다녔으며 이곳에서 한국어 가이드를 하면서 돈벌이를 하고 있다. 한 달에 최대 4,000불 이상을 벌기도 한단다. 한국이 좋아서 그의 이름을 김광석(빛나는 돌)이라고 지었다며 한국 이름을 소개하기도 했다. 한국에 대한 좋은 인상을 갖고 있고, 프리랜서를 꿈꾸며 미래에 대한 포부를 크게 가진 야무진 청년이었다.

음악이 흥겨운 카라콜 맛집, 카페 사이말루(Cafe Saymaluu)

저녁 식사를 하기 위해서 카라콜의 맛집을 찾아 나섰다. 한국어 가이드 졸도쉬가 소개한 식당은 카라콜 중심에 있는 카페 사이말루였다. 카페 정문으로 들어서면 작은 정자에서 예쁜 아낙들이 기타(Guitar)보다 약간 작은 이들만의 전통 악기를 연주하며 분위기를 돋우었다. 식당 안으로 들어가니 많은 사람들로 붐볐다. 이곳은 맛집임에 틀림이 없었다. 쨔로브냐(송아지고기볶음) 2인분, 양고기샤슬릭(양꼬치구이) 8꼬치를 주문했다. 샤슬릭은 엄청나게 컸다. 한 사람이 한 꼬치를 다 먹을 수 없을 만큼의 양이었다. 우리 일행 4명과 한국어 가이드, 운전기사 2명 모두 7명이 식사를 했다. 요금은 8천1백 솜(한화 13만 원 정도)이 나왔다. 오랜만에 맛있는 양꼬치를 실컷 먹을 수 있었다. 밥맛을 돋우기 위해서 2명의 악사가 와서 이곳의 신나는 음악을 연주해 주었다. 음악과 함께 먹는 식사는 내가 키르기스인이 된 것처럼 흥겨웠다.

저녁 식사 후 졸도쉬가 직접 우리를 카라콜에서 숙소까지 데려다주었다. 카라콜에서 악수까지는 승용차로 20여 분 걸린다. 오후 8시가 다

되어서 악수 숙소에 도착했다. 숙소는 알틴아라샨 트레킹 길 왼쪽 입구에 있는 악카인 게스트 하우스(Ak-Kayin Guest House: Ak = 희다, Kayin = 자작나무, 흰 자작나무)이다. 먼저 온 일행과 떨어져 가이드와 우리 부부만 다른 건물에서 잠을 잤다. 2층에 있는 싱글베드가 두 개 놓인 방이다. 조용하고 한적해서 좋다. 저녁과 아침 식사 포함 20달러이다.

※ 카라콜 한국어 가이드 알마스(김광석, T: +996 550 37 8238)

여행 일정

▶ 둔간 모스크
▶ 성 삼위일체 대성당
▶ 콕자익 계곡
▶ 제티 오구스
▶ 카페 사이말루
숙소: 악카인 게스트 하우스(Ak-Kayin Guest House)

21day 알틴아라샨행 지프차는 블랙홀

알틴아라샨 계곡을 따라 걸으며 알라콜 호수까지 가는 트레킹이 카라콜에서 가장 인기 있는 여행 코스다. 산 정상에 있는 알라콜 호수 뷰 포인트는 해발 3,990m에 있다. 아침 일찍 출발해서 정상까지 바쁘게 움직이면 하루에도 다녀올 수 있다. 알틴아라샨 온천 지구에서 하루 숙박하고 여유 있게 다녀오는 1박 2일 코스가 좋다. 알라콜 호수 뷰포인트까지 계곡을 따라 걸으며 설산과 초원, 야생화가 어우러진 풍경을 감상한다면 잊을 수 없는 인생의 한 페이지가 될 것이다. 카라콜 숙소를 예약할 때 미리 트레킹 예약을 함께하고 간다면 많은 시간을 절약할 수 있을 것이다.

알라콜 호수 뷰포인트로 가는 방법은 여러 가지가 있다. 천천히 걸으면서 트레킹을 하거나, 말을 타고 가거나, 알틴아라샨 온천 지구까지는 지프차를 타고 가고 알라콜 호수 뷰포인트까지는 말을 타고 가는 방법도 있다. 그날의 컨디션에 맞추면 될 일이다.

알틴아라샨으로 가는 길

아침 식사를 마치고 배낭을 숙소에 맡겼다. 오늘은 알틴아라샨 캠프촌까지 가야 했기 때문이다. 일행보다 먼저 길을 나섰다. 알틴아라샨 입구는 비포장도로다. 평평한 길이라 걷기에는 좋았다. 1km쯤 걸었을까. 군용 지프차 한 대가 길가에 서 있었다. 갈 길이 험하다는 소리를 들었기 때문에 차를 타고 가는 것도 괜찮겠다는 생각에 찻값을 물었다. 7천 솜(한화 약 11만 3천 원)을 달라고 한다. 깎아서 6천5백 솜(한화 약 10만 6천 원)에 흥정을 마치고 차에 올라탔다.

알틴아라샨 캠프촌까지는 12km다. 걸어가면 빠른 걸음으로 10시간쯤 걸린다. 길은 차가 다닐 수는 없을 만큼 작은 바위와 자갈로 이루 말할 수 없이 험하다. 잘 닦인 길은 거의 없다. 마치 놀이공원에 가서 블랙홀을 탄 것처럼 출렁거렸다. 마구 소리를 지르며 한 구간을 통과했다 싶으면 또 한 구간 더 심한 굴곡과 같은 길이 나타난다. 돌길에 푹 파인 곳이 너무 많아 운전기사가 핸들을 조정하기 힘들 만큼 길이 험했다. 그래도 운전기사는 안간힘을 다해 핸들을 잡고 조금씩 앞으로 나아갔다. 온몸으로 차의 진동을 받아들이며 서서히 캠프촌을 향해 앞으로 나아갔다. 길 오른쪽에는 설산의 눈이 녹아 흘러내리는 물소리가 웅장했다. 무척 힘이 있고 강력하다.

알틴아라샨 온천 지구(캠프촌)

블랙홀을 탄 듯이 넋이 빠진 채로 알틴아라샨 온천 지구에 도착했다. 악수에서 출발한 지 2시간 만에 도착했으며 해발 2,600m이다. 이곳은 중앙아시아의 알프스다. 아니 알프스와 안데스를 모아 놓은 것 같다. 푸른 초원과 하얀 유르트가 어우러져 매우 아름다웠다. 그 위에서 말과 양이 유유히 풀을 뜯고 있었다. 고원엔 눈이 녹고 야생화가 앞다퉈 피었다. 산 중턱 어디를 가도 들꽃 정원이다. 산을 따라 도열한 가문비나무가 늠름하다. 계곡이 끝날 때까지 침엽수림이다. 집이 없는 게 다르다면 다른 풍경이다. 왜 알프스고 스위스인지 단번에 알 것 같다. 푸른 초원과 침엽수림이 저 멀리 하얀 설산을 더 아름답게 했다. 가끔 러시아제 차량 푸르공이 풍경을 방해할 뿐이다.

차량에서 나오는 매캐함이 한동안 산객들을 꽤 괴롭히며 아름다운 풍경의 방해꾼으로 등장했다. 잠시 풀 뜯는 말들과 행복과 슬픔을 함께 해 본다. 먼 거리에서 본 풍경은 한가롭고 예쁘다. 하지만 가까이에서 본 모습은 애처롭다. 어떤 말은 멀리 도망갈 수 없도록 한쪽 다리가 묶여 불편하게 풀을 뜯고 있었다. 일행들과 알틴아라샨 온천 지구에 도착했다. 여기에서 하얀 요르트를 꽤 오래 바라봤다.

아라샨 호텔에 있는 식당에 들어갔다. 힘든 차를 타고 오느라 진맥이 빠지고 배도 고팠다. 점심 식사를 주문했다. 11시 30분에 주문한 식사가 1시가 넘어서야 나왔다. 주방에 요리를 하는 사람이 없어서 그렇다는 것이다. 그렇게 오랜 시간을 기다리다 받은 점심 메뉴는 달랑 계란국 한 그릇과 양배추가 조금 들어간 양배추찜, 오이랑 달걀프라이 하나가 전부였다. 값은 인당 7백 솜(한화 약 1만 2천 원)이다.

알틴아라샨으로 오르는 길엔 가문비나무 숲길이 좋다. 하늘을 향해 쭉쭉 뻗은 가문비 숲길에선 맑고 시원한 바람이 나온다. 짙은 녹색의 가문비나무는 기분을 상쾌하게 한다. 알라콜 호수까지 말을 타고 트레킹을 한다면 3천 솜, 마부를 동원한다면 또 3천 솜 도합 6천 솜을 달라고 한다. 이곳에선 뭔가 하려고 하면 10만 원이 훌쩍 넘는 돈을 요구한다. 방값도 하루에 25불씩 이틀을 예약했는데, 하루만 이용한다고 하자 35불을 요구한다. 부르는 게 값이다. 높은 산에서 트레킹 한 번 하는 데 드는 돈이 너무 많다는 생각이 든다.

알틴아라샨 앙아루트 초원 지대

알틴아라샨 트레킹 코스는 여러 가지다. 먼저 알라콜로 가는 길과 작은 호수가 있는 길이 있는데, 오늘은 작은 호수 쪽 길로 트레킹을 시작했다. 이쪽 길은 경사가 좀 있다. 걸어서 왕복 3시간이 걸린다. 알라콜 호수 트레킹을 하기 전 예비 트레킹이라 생각하고 올라가 보자. 오르는 길은 좀 힘들지만 오르다 보면 가슴이 확 트이는 경험을 하게 될 것이다.

비싼 방값에 비해 숙박 시설은 형편이 없다. 방에는 아주 작은 전구 3개가 밤을 밝혀 줄 도구 전부이다. 거기에 전기 콘센트도 없다. 핸드폰 충전이나 전기 기구를 상용할 수 있는 시설이 전혀 없다. 겨우 카운터에 콘센트 몇 개가 있을 뿐이다. 먹을 것이 별로 갖춰지지 않은 식당에서 뭘 사 먹는다는 것이 탐탁지 않아 친구가 가져온 라면 4개를 끓여 먹기로 했다. 온 호스텔을 모두 돌아본 뒤에 호스텔 뒤, 샤슬릭을 굽는 곳에서 콘센트 하나를 발견했다. 가져온 포트에 겨우 라면을 끓일 수 있었다. 높은 산에서 라면을 끓여 먹는 맛은 별미다. 단지 양이 부족할 따름이다. 아주 맛있는 저녁 식사를 했다.

밤이 되면 은하수가 하늘 별바다를 만들었다. 만년설의 파노라마가 아주 아름답다. 그동안의 고통을 보상이라도 하는 듯이 경이롭고 신비한 자연이 주는 선물이다. 우리가 찾은 날 밤엔 별이 사라지고 없었다. 고산의 구름이 아주 빠른 속도로 흘렀기 때문이다. 맑은 하늘이 어느새 검은색으로 바뀌더니 검은 구름 속에서 한줄기 찬비가 쏟아지기 시작했다.

주변을 한 바퀴 돌아보면 많은 걸 느낀다. 사계절 푸른빛의 침엽수림이 울창하다. 별바다 대신 적막한 암흑 바다를 보냈다. 함께했던 시간들이 그리움으로 남는다. 언제나 마음 한구석에 남아 울컥할 것 같다. 바람이 순해진 시간 꿈 없는 잠에 빠져들었다. 알틴아라샨 온천 지구에서 첫날밤이 지나갔다.

여행 일정

▶ 알틴아라샨행 지프차 타기
▶ 알틴아라샨 온천 지구
▶ 알틴아라샨 앙아루트 초원 지대

숙소: Arashan Hotel

22day 설산 아래 은은한 옥빛 호수 알라콜

해발 3,990m 알라콜 호수 트레킹

알틴아라샨 온천 지구에서 알라콜 호수까지는 약 20km 정도, 빠른 걸음으로 왕복 8시간 30여 분이 걸린다. 말을 탄다면 1시간쯤 단축시킬 수는 있다. 아주 긴 시간의 트레킹이다. 알틴아라샨 온천 지구에서 출발하여 가는 길은 무척 아름답다. 서서히 숨을 고르며 산을 올랐다.

여행 중 중요한 것은 관심과 배려다. 만나는 누구에게든 먼저 인사를 하고 관심을 건네면 상대방은 더 많은 관심과 인사를 건넨다. 생전 만난 적 없는 사람도 여행 중에 만나 먼저 '하이!'라는 인사를 건네 보자. 거의 대부분의 사람들이 반갑게 인사를 건네며 말을 걸어올 것이다. 말을 타고 내려오는 이곳 주민들을 만나면 그들은 어김없이 손을 흔들며 반갑게 인사를 한다. 내가 먼저 손을 흔들면 반갑게 다가와 악수를 청하기도 한다. 순박하고 정이 많은 사람들 같다.

알틴아라샨은 톈산산맥 서쪽에 있다. 알라콜 트레킹의 출발 지점으로 해발 고도가 아주 높다. 초입부터 계곡 소리가 천둥이 치듯 울어 댔다. 굽이치는 물이 포효하듯 거칠고 사납다. 올곧은 침엽수 가문비나무가 골 양쪽에 빼곡히 숲을 이뤘다. 사방이 푸른색으로 가득하니 걷기엔 그만이다. 잠시 가쁜 숨 몰아쉬며 둔덕을 올라섰다. 저 멀리 협곡 사이로 하얀 유르트가 보인다. 유르트는 타지크어로 '천막'이라는 뜻이다.

알틴아라샨 계곡을 따라 트레킹을 했다. 3,990m 산정이 하얀 눈을 이고 반겼다. 4시간 반을 걷는 내내 물소리가 요란했다. 길 따라 수많은 야생화들이 수줍게 웃어 줬다. 먹구름이 갑자기 몰려와 비가 쏟아졌다. 비옷을 꺼내 입고, 가던 길을 마저 갔다. 산에는 알라콜에서부터 내려온 물의 양이 엄청나다. 그 덕에 계곡 주변 풀과 나무가 건강하다.

고도가 높은 초원의 8월은 서늘하다. 산허리 위로 펼쳐진 하얀 구름이 마치 산수화 같다. 구름 속 병풍처럼 몽환적이다. 시원하고 푸른 풍경을 감상하며 걸었다. 호수에 가기 전에 보이는 가문비나무 숲도 장관이다. 호수 주위를 설산이 길게 둘러싸여 있다. 알라콜까지 최대한 쉬엄쉬엄 걸어 올라갔다.

 산길을 오르며 짧지만 빙하 구간도 건너갔다. 고도가 높아질수록 침엽수가 가득하다. 크리스마스트리처럼 우뚝 솟은 가문비나무가 도열해 있다. 하늘을 향해 쭉쭉 뻗어 장관을 만들어 냈다. 좀 더 올라가면 노란 꽃, 보라 꽃들이 지천으로 깔려 있다. 고산에선 예쁜 꽃으로 가득한 꽃밭을 본 것만으로 피로가 금세 사라진다. 가끔은 예상치 못한 많은 비가 내리기도 한다. 하산할 생각을 하니 걱정이 앞섰다.

 가파른 오르막길이 계속됐다. 들숨과 날숨을 깊숙이 내쉬며 오르고 쉬기를 번갈아 했다. 호수로 가는 길은 한 폭의 동양화 같다. 가는 길엔 빙하도 있고 작은 물줄기도 흘렀다. 빙하수 흐르는 계곡이 너무나 예쁘다. 태고의 자연이 빚어낸 설산이 구름과 어우러져 있다.

 알라콜 가는 길은 몹시 힘들지만 재미있다. 호수 옆으로 난 비탈길을 따라 한 걸음 한 걸음 위를 향해 발걸음을 옮겼다. 경사도가 심하고 돌길이 아주 미끄러웠다. 왼쪽 계곡에선 숨어 있던 빙하도 금세 드러났다. 빙하에서 흐르는 물이 차갑기 그지없다. 능선으로 올라서면 바로 아래가 호수다. 설산 아래 펼쳐진 비경인 옥빛 호수는 그야말로 하늘만이 빚어낼 수 있는 대자연의 걸작이다. 자연은 이 깊은 골짜기에 어떻게 이렇게 아름다운 옥빛을 만들어 낼 수 있었을까? 우리는 오늘 아슬아슬하게 운이 좋았다. 착한 사람들만이 볼 수 있는 풍경인가 보다. 방금 전까지만 해도 엄청 힘들게 한 발 한 발 걸어 올라왔는데, 이렇게 아름다운 비경을 만날 수 있다니 운이 좋은 사람임이 분명하다.
 올라가는 길보다는 내려오는 길이 훨씬 수월하다. 바람이 상쾌하고 발걸음도 가볍다. 설산에서 눈이 녹아 흐르는 물줄기가 웅장한 소리를 내며 아래로 흘렀다. 가까이서 느끼는 물소리에 비해 멀리 보이는 천막

촌은 더욱더 한적하고 고요하다. 푸른 초원 위에 하얗게 들어난 유르트의 모습은 또 하나의 장관이다. 트레킹을 시작한 지 5시간쯤 흘렀을까. 빗방울이 하나둘씩 들리기 시작하더니 차가운 기운이 몸 안으로 스며들었다. 이럴 땐 빨리 숙소로 돌아와 쉬는 것이 좋다.

하산하는 도중에 비바람이 몰아쳤다. 길가에 놓인 돌에 빗물이 흐르니 더욱 미끄러웠다. 비가 내릴 때는 더욱 신경 쓰며 하산해야 한다. 조심스럽게 두 발을 응시하며 산길을 걸어 내려와야 한다. 계속되던 돌길이 끝나도 좀체 햇살이 나오지 않았다. 숙소에 가까워지니 가문비나무 숲이 나타났다. 하늘을 향해 쭉쭉 뻗어 기상이 넘쳤다. 초록빛 가문비나무 숲을 바라보니 금방 피로가 사라졌다.

마침내 빗속에서 푸른 초원을 다시 만났다. 이제 정신이 든다. 조금 전까지 했던 고생은 사라진 지 오래다. 숨 가쁘게 걸어왔던 길은 이미 저만치 가 버렸다. 소나 말이 싸 놓은 똥을 밟아도 마음이 편하고 여유로웠다. 오리지널 유목민들의 삶에 젖어 든다. 빗속에서 만난 추위를 뒤로하고 천연 온탕에서 나오는 온천수에 몸을 던졌다. 이런 체험 또한 잊지 못할 경험이다. 인생을 살면서 두고두고 기억할 아름다운 추억들이다.

산행이 끝나자 추적추적 내리던 비가 장대비로 바뀌어서 내렸다. 산속이라서 무척 춥다. 아침 6시 30분에 시작했는데 오후 4시 10분이 돼서야 트레킹이 끝났다. 8시간 40분간을 한 것이다. 비도 그치고 트레킹도 끝났다. 다만 아침 식사도 하지 않고 빵 두 조각으로 아침과 점심을 때웠기 때문에 몹시 배가 고팠다. 이곳에선 적당히 식사를 할 만한 식당이 없다. 숙소도 불편하고 배도 고프고 방법은 트레킹을 시작했던 악수까지 내려가는 것밖에는 도리가 없었다.

 잠시 휴식을 취한 후에 또 한 번의 사륜구동 오프로드 체험을 기대하면서 군용 지프차를 섭외하기 시작했다. 9천 솜에서 1만 솜의 비용을 달라고 한다. 올라올 땐 6천 솜이었는데 너무 비싸게 부른다. 하는 수 없이 그냥 걸어가기로 하고 무작정 앞을 향해 걸었다. 10분쯤 지났을까, 러시아제 승합차 푸르공 한 대가 빈 차로 내려왔다. 오늘의 목적지 카라콜까지 흥정한 끝에 5천 솜에 차를 타고 내려올 수 있었다. 내려오는 길도 올라가는 길과 마찬가지로 무척 울퉁불퉁하고 험난했다. 또다시 롤러코스터를 타는 것처럼 춤을 추는 푸르공을 타고 함께 춤을 추며 내려왔다. 2시간 만에 악수 숙소에 도착했다. 또 한 번의 흥정 끝에 1천 솜을 더 주고 숙소 카라콜 샤큐 호스텔(Sayak hostel)에 도착할 수 있었다.

여행 일정

▶ 알라콜 호수 트레킹

▶ 카라콜 시내 투어

숙소: KalaKol Sayak Hostel

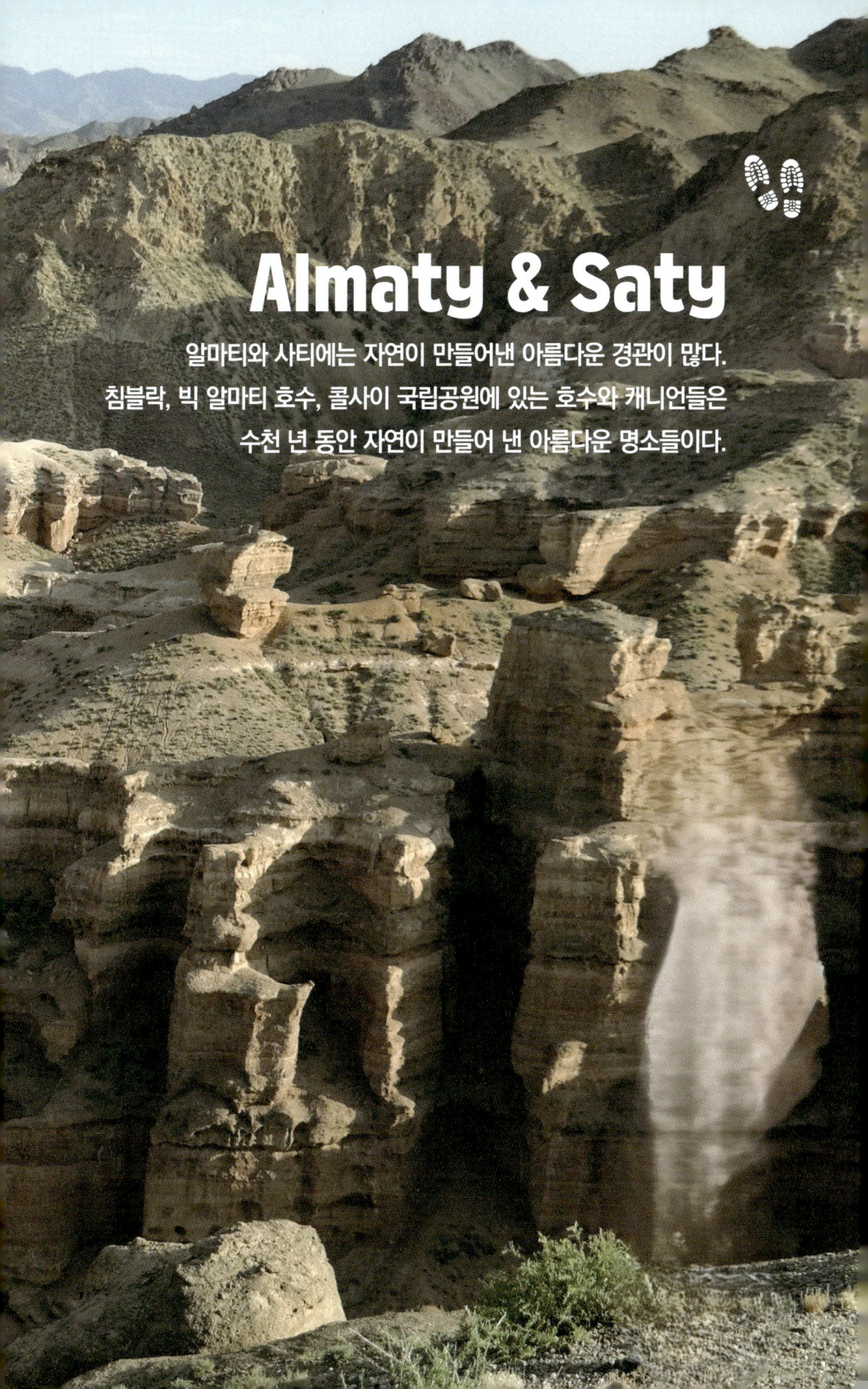

Almaty & Saty

알마티와 사티에는 자연이 만들어낸 아름다운 경관이 많다.
침블락, 빅 알마티 호수, 콜사이 국립공원에 있는 호수와 캐니언들은
수천 년 동안 자연이 만들어 낸 아름다운 명소들이다.

8. 대자연 속 예쁜 진주 콜사이 호수 국립 공원

23day 카자흐스탄의 숨은 보석 사티(Saty)

차량이 진풍경을 만드는 국경

거의 매일 조식이 포함된 숙소를 선택했다가 이번엔 아침 식사가 포함되어 있지 않은 숙소에서 잠을 잤다. 아침 식사를 숙소에서 먹을 수 없다는 것도 여행에서는 엄청난 부담이 된다.

3일 전에 졸도쉬에게 부탁해서 스타렉스 한 대를 렌트했다. 아침에 박트야르라 불리는 운전기사가 스타렉스를 몰고 도착했다. 4일간 이곳에서부터 알마티를 중심으로 우리와 함께 여행을 할 자동차다. 하루에 차량 비용으로 100불씩을 지불하고, 운전기사의 숙식을 제공하며 차에 기름을 넣어 주는 조건이었다. 우리는 자동차를 빌렸기 때문에 다시 비슈케크로 돌아가 하루를 보내고 알마티로 가는 국제 버스를 타는 시간을 아낄 수 있었다.

비슈케크에서 알마티로 가는 방법은 여러 가지가 있지만, 3일 전에

1인 630솜을 주고 비슈케크 서부 터미널에서 알마티로 가는 국제 버스 티켓을 구입했었다. 하지만 이제는 스타렉스를 타고 바로 국경을 넘기 때문에 사용할 수 없게 되었다. 아까웠지만 버릴 수밖에 없게 되었는데, 알틴아라샨에서 가이드에게 이 티켓을 환불해서 가지라고 전해주었다.

알라콜 트레킹 일정을 하루 줄이고 비슈케크로 돌아서 알마티로 가는 일정 하루를 줄여 이틀간의 시간적 여유가 생겼다. 빡빡한 여정에서 이틀은 아주 여유 있는 시간이다. 또한 네 명이 스타렉스 한 대를 타고 이동하기 때문에 차가 넓어서 여행이 매우 편하고 부담이 없다.

카라콜에서도 카자흐스탄 돈 텡게를 환전할 수 있었다. 하지만 환율이 너무 높다. 자동차에 기름을 넣기 위해 50불은 4,200솜으로 바꾸고, 350불은 텡게로 바꿨다. 1달러에 458텡게, 환율에서 약 9텡게(한화 약 1만 원)가 비싸다. 자동차에 기름을 넣고 얼마 남지 않은 솜으로 근처 슈퍼에서 빵과 콜라를 사서 아침을 대신했다. 이곳에서 파는 빵은 매우 맛있다. 속이 촉촉하고 맛이 좋아 빵을 좋아하지 않는 나도 맛있게 먹었다.

키르기스스탄은 카라콜에 있는 알틴아라샨 트레킹이 핵심 여행 코스였다. 다음은 카자흐스탄 알마티로 가야 한다. 알마티는 비슈케크와 카라콜 가운데쯤 위치해 있다. 카라콜에서 알마티로 가기 위해서는 비슈케크를 경유해서 국제 버스로 갈아타야 하는데, 비슈케크를 경유하지 않고 자동차를 렌트해서 이동하면 이동 시간이 절반으로 단축된다.

카라콜에서 2시간 30분쯤 달려오면 키르기스스탄과 카자흐스탄의 카르카라(KarKara) 국경검문소가 나온다. 검문소에 도착하기 30분쯤 전 도로에서 교통경찰이 아무 이유 없이 차를 세웠다. 경찰은 운전기사에게 여러 가지 트집을 잡으며 실랑이를 벌이더니, 결국 그들에게 200솜을 주고서야 이곳을 벗어날 수 있었다. 이른바 삥 뜯기를 당한 것이다. 우리나라에서도 70~80년에 유행했던 경찰들의 횡포가 여기에선 지금도 행해지고 있었다.

국경검문소에 도착했다. 군인들이 바리케이드로 막고 있었다. 이 바리케이드 앞에 내려서 출국 확인을 받아야 한다. 여권에 출국 확인 도장을 받아서 조금 걸어 나오면 바로 키르기스스탄 출입국 심사대가 있다. 여기선 우리의 소지품을 모두 챙겨 차에서 내려 입국 절차를 밟아야 한다. 육지로 국경을 통과할 때는 대부분 군인들이 심사를 한다. 단 한 명의 군인이 모든 절차를 진행하기 때문에 시간이 오래 걸린다. 이 때문에 차례를 기다리는 시간이 걸리고, 길게 늘어선 차량들로 인해 또 하나의 진풍경이 만들어진다.

국경을 통과한 우리는 거칠 것 없이 달렸다. 끝없이 펼쳐진 푸른 초원이 무척 아름다웠다. 맑고 시원한 바람은 참 상쾌했다. 평화롭게 멀리서 풀을 뜯고 있는 동물들의 모습도 정겹다. 초원으로 난 길도 포장이 잘되어 막히거나 빠지는 일이 없었다. 케젠이라는 마을에 도착해서 점심을 먹었다. 키르기스스탄보다는 물가가 비쌌다. 만둣국 두 그릇과 만두 두 접시에 10,000텡게(한화 약 3만 원)이다. 과일도 샀는데 4,000텡게이다. 하지만 키르기스스탄에서보다 싱싱하지 않았다.

운전기사는 박트야르다. 그는 우리나라 천안과 세종시 일대에서 하루 12시간씩 5년간 일을 해서 비슈케크에 아파트를 장만하고 스타렉스를 사서 여행 가이드를 하고 있다. 박 군이 예약한 오늘의 숙소는 사티(Saty)에 있다. 또다시 우리는 사티를 향해 달렸다. 초원에 잘 뚫린 길을 끊임없이 달렸다. 깊은 골짜기를 달리던 차는 높은 산 중턱을 올랐다. 해발 1,900m가 넘는 산 중턱에 시원하게 뚫린 도로를 달렸다. 산 중턱에서 내려다보이는 푸른 초원은 넓고도 기이했다. 가다 서다를 반복하다 아름다운 뷰를 만나면 내려서 사진을 찍었다. 그렇게 우리가 탄 차는 산꼭대기로 올라갔다. 산꼭대기에 오르면 넓은 평원이 나타나고 그 안에 마을이 있다. 이렇게 몇 번을 반복하다 도착한 곳이 오늘의 숙소가 있는 마을 사티다.

세계 지도가 예쁜 숙소 알가도스(Algados)

오늘의 숙소는 알가도스 게스트 하우스다. 이곳에 있는 게스트 하우스는 어디나 같다. 2인 1실이 거의 없다. 다행히 이 숙소에는 2인 1실 방이 하나 있었다. 오늘 우리 부부가 이용할 방이다. 함께 온 일행은 두 개의 싱글베드가 있는 2인 1실 방이 하나 있었는데, 전기 콘센트가 말썽이다. 하는 수 없이 5인 1실인 방을 2명이 쓰는 조건으로 방을 바꿨다.

사티는 콜사이 호수 국립 공원 안에 있는 작은 마을이다. 1시간 정도 서서히 걸으면 마을을 모두 둘러볼 수 있다. 여기저기 오밀조밀한 아기자기함이 있으니 꼭 걸어서 둘러보길 바란다.

오후 7시 30분에 저녁 식사가 나온다. 이곳에 숙소를 정한 사람들이 모두 커다란 테이블에 모여 식사를 한다. 메뉴는 오이와 토마토를 곁들인 샐러드, 오이와 당근을 함께 무친 오이김치, 베쉬바르막(소고기 수육과 삶은 감자, 만두피를 곁들여 찐 요리), 소고기수프(소고기를 삶고 남은 수프)와 그린티다. 베쉬바르막이라는 요리는 '다섯 개의 손가락'이라는 뜻을 가진 요린데, 무척 독특한 음식이다. 다섯 개의 손가락으로 먹어야 제맛을 느낄 수 있다고 한다.

저녁 식사는 이곳에 온 카자흐스탄의 한 가족과 독일인 한 명, 그리고 우리 일행이 함께했다. 가족 중 한 여인이 카자흐스탄에 대한 자부심이 무척 강했다. 벽에 걸린 세계 지도에서 손으로 카자흐스탄을 가리키며 자기 나라가 세계에서 일곱 번째로 큰 나라라고 자랑했다. 실제로 카자흐스탄은 땅이 아주 큰 나라이고 중앙아시아에서는 가장 잘사는 나라이다. 그런데 나는 그녀의 자랑보다는 벽에 걸린 세계 지도에 더 눈길이 끌렸다. 나무를 얇게 깎아서 무척 정교하게 만든 지도였는데, 조명을 넣어 어두울 때는 더 아름다웠다. 깔끔하고 아름답게 만들어진 어디에서도 보지 못한 지도라서 계속해서 눈길이 갔다.

여행 일정

▶ 키르기스스탄 → 카르카라 국경 → 사티

▶ 사티 둘러보기

숙소: Algados Guest house

24day 자연이 만들어 내는 비경 콜사이 국립 공원(Kolsai national Park)

콜사이 호수 국립 공원에는 모두 4개의 호수가 있으며, 4개의 호수 중 가장 아름다운 호수가 카인디 호수다. 알마티에서 300km 떨어져 있지만 일부 구간은 비포장길이다. 사티 마을에는 게스트 하우스가 많은데, 이곳을 관람하러 오는 사람들이 많기 때문인 것 같다. 콜사이 호수 국립 공원은 알마티에서 다소 먼 거리에 있지만 이곳을 여행하고, 여정을 푼 후 저녁으로 카자흐스탄의 전통 음식인 베쉬바르막, 쿠르닥 등을 먹고 나면 최상의 힐링 여행이 될 것이다.

카인디 호수(Kaindy Lake)

먼저 간 곳은 카인디 호수다. 카인디 호수는 사티에서 차를 바꿔 타야 한다. 가는 길이 비포장에 울퉁불퉁한 도로이기 때문에 일반 승용차로는 갈 수가 없다. 푸르공이라 불리는 군용차를 타고 올랐다. 요금은 차 한 대에 15,000텡게다. 사티에서 카인디 호수까지는 30분쯤 걸린다. 호수로 가는 길은 초입부터 길이 움푹 파여 있다. 또다시 롤러코스터를 탔다. 여행이라기보다는 놀이공원에 온 것 같다. 산 중턱에 매표소가 있고 군인이 매표를 한다. 인당 300텡게다. 매표소에서 10분쯤 오르면 음식점과 매점이 즐비한 곳이 나오는데, 이곳에서 또다시 차를 바꿔 타야 한다. 우리가 타고 온 차는 그곳으로 갈 수가 없기 때문이다. 차비는 인당 500텡게다. 카인디 호수로 가는 길은 돈이 많이 든다. 자연이 빚어낸 호수는 정말 신비하다. 호수 안에는 죽은 가문비나무가 옷을 벗고 살아 있는 듯 옥색 물속에 그림자를 드리우고 서 있다. 물 색깔이 청록색이어서 숲의 푸른색 조합과 어우러져 멋스러움을 자아내고 있다. 환상적인 아름다움에 넋이 빠질 수밖에 없다. 이런 아름다움 때문에 카자흐스탄 사람들도 많이 찾는 곳이다.

콜사이 호수(Kolsai Lake)

카인디 호수를 뒤로하고 콜사이 호수에 갔다. 일요일이라서 그런지 콜사이 호수로 가는 길엔 많은 사람들로 붐볐다. 콜사이 호수는 사티에서 차량으로 30분 거리에 있다. 2007년 2월 7일에 국립 공원으로 지정된 콜사이 호수는 톈산산맥 동북쪽에 자리하고 있다. 콜사이 호수 국립 공원은 '톈산의 진주'라고 불리기도 한다. 세 개의 산정 호수가 있고 높이가 해발 1,900~2,700m이다. 고산 지대에서 자라는 꽃과 아름다운 가문비나무 숲이 장관이다. 차른 협곡 국립 공원과 더불어 여행객들에게 가장 인기 있는 여행지다.

블랙 캐니언(Black Canyon)

 콜사이 호수를 관람하고 차른 협곡 쪽으로 1시간 40분을 달리면 거대한 검은색의 협곡이 보인다. 이름하여 블랙 캐니언이다. 넓고 웅장하기가 대단하다. 사람들의 크기가 개미만큼 작게 보인다. 블랙 캐니언의 크기와 비교돼서 그럴 것이다.

차른 캐니언(Charyn Canyon)

　차른 협곡 가는 길은 가도 가도 끝이 보이질 않는다. 끝없이 펼쳐진 지평선 위를 우리를 실은 자동차가 하염없이 달렸다. 지루해질 즈음 광활한 들판에 뭔가 보였다. 소, 양 등 가축들이 한가로이 풀을 뜯고 있었다. 말을 탄 목동의 양떼 모는 풍경이 정겹다. 차를 세우고 그 모습을 카메라에 담았다. 2시를 넘겨서야 차른 협곡에 도착했다. 알마티서 쉼 없이 3시간을 달려온 셈이다. 어느새 계절이 한여름을 향해 질주한다. 셔틀카를 타고 차른 협곡으로 향했다. 요금은 인당 3,000텡게이다.

　카자흐스탄에는 엄청나게 큰 협곡이 많다. 차른 협곡은 200만 년 전에 형성됐다. 강의 침식과 풍화 작용으로 만들어진 협곡이다. 막상 그 앞에 이르면 흙과 돌로 이루어진 협곡이 깎아지르듯 수려하게 여행객을 반기며 도열하고 있다. 자연 그대로의 기둥과 바위가 인상적이다. 가파른 협곡과 메마른 평지가 반복된다. 중앙아시아의 그랜드 캐니언이라고도 한다. 사냥하는 독수리 모양 바위가 눈에 띈다. 곳곳에 기기묘묘한 바위들이 줄을 섰다. 건드리면 곧장 떨어질 것만 같은 바위도 있다. 엎드려 있는 낙타 모양의 바위는 참 독특하다. 거센 물살과 풍화 작용으로 수백 년을 거쳐 갔을 세월의 흔적이다.

협곡 중간에 싹사울나무가 많이 보인다. 나무는 척박한 땅에서도 무성히 자랐다. 볼품없지만 이곳 사람들에겐 소중하다. 뿌리가 굵고 단단해 화력이 아주 강하다. 뿌리가 수백 미터까지 내려가 야무지다. 샤슬릭을 구울 때 숯으로 사용된다. 고기를 구워 먹을 수 있는 공간은 아주 많다. 서부극 주인공이 머무는 듯한 풍경이다.

눈부신 햇살을 받은 협곡에서 빛이 났다. 언덕을 오르면 협곡으로 길이 아스라하다. 암봉을 오르고 암봉 사이로 길도 걷는다. 주요 포인트마다 쉼터 모습도 풍경이다. 협곡 사이로 보이는 에스 라인이 멋지다. 걷다 보면 붉은색이 검은색으로 바뀐다. 여기저기 보다 보니 차른강에 도착했다. 차른 협곡의 끝에는 시원한 강이 흐른다. 에코 타임지로 유럽 협곡 부럽지 않다.

작은 마을 바이셋에서의 양고기샤슬릭

1시간쯤 달려 바이셋이라는 작은 마을에 도착했다. 이곳에는 양고기 샤슬릭을 잘하는 식당이 있다. 양고기샤슬릭을 먹기 위해 가게에 들어갔다. 가게에 들어가기 전에 옆 가게에서 시원한 맥주 3병과 보드카도 샀다. 이 식당에선 거리에 불판을 놓고 바로 샤슬릭을 구워 준다. 막 구워져 나온 샤슬릭을 바로 먹을 수 있다. 그래서 그 맛이 더 좋다. 막 구운 샤슬릭과 맥주가 어우러지니 여행에 지친 피로가 저절로 풀리는 것 같다. 기념사진 한 컷을 찍는데 옆자리에 앉은 남자 손님도 포즈를 취했다. 모두가 함께하는 맛있고 즐거운 식사 시간이었다.

창문도 에어컨도 없는 알마티 게스트 하우스

 늦은 시간에 알마티에 도착했다. 숙소는 알마티 변두리에 있는 알마티 게스트 하우스다. 침대 하나에 4,000텡게를 받고 빌려주는 도미토리다. 처음엔 2층 침대가 4개 있는 8인 1실 방을 소개받았다. 도저히 우리 부부가 함께 잠을 잘 수 있는 방이 아니었다. 다른 방을 보여 달라고 했더니 침대 두 개가 놓인 2인 1실 방을 보여 줬다. 요금은 10,000텡게다. 10시 넘어 도착했기 때문에 부부가 함께 쓸 다른 방은 없다고 한다. 하는 수 없이 이 방에서 잠을 잘 수밖에 없었다. 에어컨도 창문도 없는 사방이 막힌 방에서 선풍기 하나로 무더운 여름밤을 보내야 했다. 날은 덥고 방은 좁은데 선풍기 돌아가는 소리는 왜 그렇게도 큰지. 자다 깨다를 수없이 반복하다 날이 밝았다. 세상에는 이런 곳도 있었구나! 문득 '이런 걱정 없이 살 수 있는 한국에서 태어났으니, 난 아주 운이 좋은 사람이다.'라는 생각이 스쳐 지나갔다.

여행 일정

▶ 카인디 호수

▶ 콜사이 호수

▶ 블랙 캐니언

▶ 차른 캐니언

▶ 작은 마을 바이셋

숙소: Almaty Guest house

9. 카자흐스탄의 심장 알마티(Almaty)

25day 알마티의 명소 침블락(Shymbulak)과
빅 알마티(Big Almaty) 호수

침블락(Shymbulak)

 침블락(쉼블락)은 톈산산맥의 메데우 협곡 위쪽에 자리한 중앙아시아 최대의 스키장이다. 11월부터 5월까지 많은 양의 눈을 볼 수 있는데, 8월에 방문한 우리는 산꼭대기 설산 이외에는 눈은 볼 수 없었다. 이곳에 오르는 방법은 두 가지가 있다. 하나는 스키장을 이용해서 트레킹을 하는 방법이고, 또 하나는 케이블카를 타고 오르는 것이다.

침블락으로 가기 위해서는 알마티 시내에서 12번 버스를 타서 침블락 마운틴 리조트(Symbulak Maountain Resort)에서 하차해야 한다. 버스에서 내리면 바로 케이블카가 있는 스키장에 도착할 수 있다. 버스비는 80텡게, 소요 시간은 40분~1시간 정도 걸린다. 버스 검색은 2GIS를 사용하면 좋다. 12번 버스 종점에서 내려 매표에서 5,000텡게 케이블카 표를 샀다. 3번 케이블카를 바꿔 타면 3,200m 침블락 전망대에 오를 수 있다. 오늘은 평일인데도 수많은 사람들로 붐볐다. 여름 방학이 시작되었고, 많은 외국인들이 몰려들었기 때문이다.

환전을 했다. 3일 전 카라콜에서는 465텡게였는데 여기에선 473텡게다. 로뎀이라는 한국 음식점에서 갈비탕 네 그릇과 알탕 한 그릇, 꼬막비빔밥 한 그릇을 주문해서 늦은 아침을 먹고 침블락으로 향했다. 시내에서 침블락까지는 1시간쯤 걸렸다. 여기는 알마티 시내에 있는 것보다 덥지도 않고 훨씬 선선했다. 케이블카를 타고 침블락에 올랐다. 전망대가 있는 곳까지는 30분쯤 걸렸다. 전망대에 내려 빙하가 있는 곳까지 올랐다. 200m쯤 오르면 모든 길이 돌산이다. 돌산 위의 돌을 하나씩 밟고 설산 쪽으로 오르다 보면 빙하가 나타난다. 가능하다면 돌산에 올라 사진도 찍어 보자. 설산과 빙하가 가깝기 때문에 사진이 무척 아름답게 찍힌다.

　돌산에서 내려와 전망대에 앉아서 아래로 펼쳐진 아름다운 경치를 감상했다. 옆에는 음식을 준비해 피크닉을 온 사람들도 있었다. 잠시 후 이 사람들이 우리 부부를 불렀다. 음식을 나눠 주며 함께 먹자는 것이다. 우즈베키스탄 사마르칸트에서 온 68세 먹었다는 노인의 가족 네 명, 알마티가 집이라는 62세 노인의 가족 두 명 모두 여섯 명이었다. 가지고 온 보드카와 양고기, 빵, 오이와 토마토를 아낌없이 나눠 줘서 맛있게 먹었다. 생전 처음 보는 외국인에게도 아낌없이 나눠 주는 이들의 인정에 감동했다.

　내려오는 길은 더 많은 사람들로 붐볐다. 내려올 때도 케이블카를 3번 갈아타야 하는데, 1~2번까지는 표가 없어도 되지만, 마지막 3번째에서는 표가 있어야 케이블카를 탈 수 있다. 가이드가 표를 가지고 있어서 내려올 때까지 오랜 시간을 기다렸다.

알마티의 랜드마크 빅 알마티 호수(Big Almaty Lake)

다음으로 간 곳은 알마티의 랜드마크 빅 알마티 호수다. 이 호수는 침블락에서 53km 정도 떨어져 있으며 차로 1시간 40분 정도 소요됐다. 알마티 호수까지는 택시로 가는 것이 제일 좋으나 우리는 봉고차를 렌트했기 때문에 쉽게 호수까지 갈 수 있었다. 이곳은 호수와 높은 산이 어우러져 장관을 이루는 명소라 알마티에서 관광객이 가장 많이 찾는 장소. 해발 2,511m에 자리하고 있으며 소베토브(Sovetov, 4,317m), 오지오르니(Ozyorny, 4,110m), 투리스트(Turist, 3,954m) 세 봉우리가 호수를 감싸고 있다. 이곳의 물은 알마티의 주요 식수로 사용되기 때문에 상수도 보호 구역으로 지정되어 물에는 들어갈 수가 없다. 청록으로 빛나는 호수의 색은 산색과 더불어 시원하고 그지없이 아름다웠다.

높은 곳에서 호수를 볼 생각으로 기대에 부풀어 위쪽으로 올라가고 있는데, 갑자기 검문소가 나타났다. 거기에는 딱 봐도 착하지만 융통성이 없어 보이는 군인들이 지키고 있었다. 이곳은 중국과의 국경 지대라서 지나갈 수 없다고 한다. 하는 수 없이 오르는 것을 포기하고 호수 쪽으로 내려갔다. 내려오면서 보는 호수는 아담하고 예뻤다. 호수 주변 경관은 아름다운 야생화가 피어서 더 아름다웠다. 더운 여름을 산속에서 보내는 것도 피서의 한 방법이다. 이곳은 고도가 높은 지역이라 한여름의 무더위는 느낄 수 없었다.

여행 일정

▶ 침블락 트레킹
▶ 빅 알마티 호수

숙소: Renion Hotel

26day 꼭 가 봐야 할 알마티의 명소들

카자흐스탄의 남산 타워 '콕토베(Kok Tobe)'

알마티에서 가장 인기 있는 곳을 찾는다면 '푸른 언덕'이라는 뜻을 가진 '콕토베'일 것이다. 콕토베를 향해 오르다 보면 산꼭대기에는 알마티 TV 타워가 우뚝 서 있는데, 알마티 어디서나 보이는 탑이다. 그 모습이 남산 타워를 닮아 있어 한국 사람이라면 누가 봐도 '이건 남산

타워로 올라가는 게 아닌가.' 하는 착각을 갖게 한다. 콕토베는 차를 타고 올라가는 방법도 있지만, 그렇게 올라가면 케이블카 포함 15,000텡게(한화 약 4만 5천 원)를 내야 한다. 먼저 Novotel Almaty City Center로 올라가서, 옆에 Abay Square 라는 문화공연장과 카자흐스탄 호텔이 나오는데, 콕토베 건물에서 티켓을 구매한 후 케이블카를 타면 된다. 입장료는 왕복 6,000텡게(한화 1만 8천 원)다. 현금과 카드 모두 가능하다. 가능하다면 케이블카를 타고 아름답고 시원하게 펼쳐진 알마티 시내를 내려다보기를 추천한다.

녹색 시장이라 불리는 알마티 중앙 시장 젤리니 바자르(Zeleny Bazaar)

'그곳을 알려면 그곳의 시장을 둘러보라.'라는 말이 있다. 시장에 가

면 그곳 사람들의 먹거리와 생활 수준을 알 수 있기 때문이다. 이곳에도 '녹색 시장'이라고 불리는 커다란 시장이 있다. 알마티 중앙 시장이다. 비슈케크에서 고려인들이 만든 음식을 먹어 보지 못해 아쉬움이 남아 있었는데, 이곳에서도 고려인들이 담근 김치를 판다고 해서 시장에 들렀다. 얼마 전 〈6시 내고향〉에서 방영되기도 했던 시장이다. 시장의 규모는 매우 커서 다양한 물건들이 전시되어 있다. 과일이며, 빵이며, 야채가 아주 잘 진열되어 있다. 너무 잘 진열된 모습이 어디에서도 보기 힘들 정도로 반듯하다.

판필로프 공원과 러시아 정교회 젠코프 대성당

카자흐스탄의 도시 알마티(Almaty) 중심부 푸시나 거리에는 커다란 직사각형의 공원 판필로프가 있다. 이 공원은 1960년대에 만들어졌는데, 러시아 정교회 성당 등 역사적 가치가 있는 건물과 전쟁 기념비 등

이 있다. 또한 울창한 나무와 꽃들로 아름답게 조성돼 알마티 시민들의 휴식처로 인기가 높다.

　판필로프(Panfilov)라는 이름은 제2차 세계대전 당시 독일군에 대항해 싸운 이반 판필로프 장군의 이름을 따서 지어졌다고 한다. 판필로프 장군 소속의 28명의 전사가 전쟁 중에 순직하여 이를 기념하기 위한 비가 세워지기도 했다. 자세한 내용은 2017년에 상영된 〈판필로프 사단의 28용사〉라는 영화에 소개되고 있다. 공원 안에는 1911년 리히터 규모 10의 알마티 대지진에도 견뎌 냈다는 세계 8대 목조 건축물인 젠코프 러시아 정교회 대성당(Zenkov Russian Orthodox Cathedral)이 있다. 1904년 건립된 이 성당은 높이가 50m 정도인데 못을 하나도 사용하지 않고 지어진 건물로 유명하다.

카자흐스탄 민속 악기 박물관

젠코프 대성당 옆에는 또 다른 목조 건물이 있다. 카자흐스탄의 민속 악기를 전시한 민속 악기 박물관이다. 공원에는 많은 사람들로 붐비고 있고, 성당 앞에는 수많은 비둘기들이 성황을 이루고 있었다. 이 민속 악기 박물관은 음악을 좋아하는 사람들뿐만 아니라 카자흐스탄의 역사와 문화 전통에 관심이 있는 모든 사람들에게 흥미로울 것 같다. 웹사이트 ticketon.kz에서는 박물관에서 열리는 모든 전시 행사 및 박람회 포스터를 찾을 수 있었다. 이 박물관은 2013년에 대대적인 재건축을 통해 각종 연주회, 뛰어난 작곡가의 작품, 노래 장르와 관련된 지역의 풍미, 관습 형태의 문화유산에 중점을 두고 있다. 이곳에 들어가기 위해서는 입장료가 있는데, 1,500텡게(한화 4천5백 원)이다.

알마티 정통 샤슬릭집 스마일(SMILE)

판필로프 공원 근처에는 유명한 양고기샤슬릭 식당 '스마일'이 있다. 하늘을 향해 내뿜는 연기가 멀리서도 샤슬릭을 굽는 집임을 직감케 했다. 밖에서 보기에는 너무 크고 웅장해서 마치 궁궐에 들어가는 것 같은 기분이 들었다. 안으로 들어가면 아주 크고 긴 화력에 양고기샤슬릭을 굽고 있고, 그곳을 지나 문을 하나 지나면 손님을 맞이하기 위한 식탁들이 놓여 있다. 다섯 명이서 양갈비와 양고기를 주문했다. 30분 후 주문한 샤슬릭이 나왔는데, 양 한 마리쯤 되어 보일 만큼 많은 양이 나왔다. 왕 대접을 받으며 먹은 양갈비는 정말 맛있다. 이곳에 와서 먹어 본 양고기 중 최고였다. 반드시 이곳을 찾아 먹어 보길 강추한다. 이곳에선 어디에서나 음식값에 Tax가 별도로 추가되어 나온다.

여행 일정

- ▶ 콕토베
- ▶ 젤리니 바자르
- ▶ 판필로프 공원(젠코프 대성당)
- ▶ 민속 악기 박물관
- ▶ 샤슬릭 맛집 '스마일'

숙소: Renion Hotel

27day 고려인 강제 이주의 슬픈 역사

실크로드의 땅 중앙아시아

실크로드의 땅 중앙아시아를 여행하려면 실크로드라는 말에 대해 어느 정도 이해하고 떠나는 것이 필요하다. 실크로드는 독일의 지리학자 페르디난트 폰 리히트호펜(Ferdinand von Richthofen)이 처음 사용한 말이다. 열사의 사막과 험준한 산맥을 넘어 오아시스 도시를 연결하는 동서양 간의 물물 교류의 길, 즉 톈산산맥 위아래를 지나가는 천산북로와 천산남로 그리고 타클라마칸 사막의 남쪽 티베트고원 사이를 지나가는 서역남로라 불리는 3대 간선과 여기에서 파생되는 무역로를 말한다. 당시 이 길을 통해 교역되는 가장 중요한 물건이 비단이었기 때문에 리히트호펜이 이 길을 '비단길', 즉 '실크로드(Silk Road)'라고 부른 것이다.

동서 간의 물물 교류는 리히트호펜이 언급한 실크로드뿐 아니라 실크로드가 형성되기 훨씬 이전부터 북방 초원 지역에 형성되었던 '초원의 길'을 통해서도 이루어졌고, 선박 제조 기술과 항해술이 발달한 이후에는 '바닷길'을 통해서 더 많은 교류가 이루어졌다. 따라서 넓은 의미의 실크로드는 오아시스 도시를 연결하는 좁은 의미의 실크로드 '초원의 길'과 '바닷길'을 모두 포함하기도 한다. 한편 실크로드를 통해서는 물물 교류만 이루어진 것이 아니고 종교, 예술, 학문 등 문화 전반에서의 교류도 함께 이루어졌기 때문에 현대에 와서는 실크로드를 '동서 간 문화 교류의 길'로 폭넓게 정의하기도 한다.

　기원전 4세기경 북아시아 초원 지대에 강력한 흉노족이 출현하여 한나라를 위협하자 흉노에 대항하기 위한 연합 전선을 구축하기 위해 한나라는 기원전 138년 장건(張騫)을 서역에 파견한다. 그러나 장건은 흉노에 대항하는 서역 국가들과 연합 전선이라는 임무를 달성하지 못하고 기원전 125년에 떠난 지 13년 만에 한나라로 돌아왔다. 비록 그의 서역 파견 목적은 실패였지만 그가 가져온 서역에 대한 방대한 자료와 지식은 새로운 동서양 간의 무역로, 즉 오아시스 도시를 연결하는

*타슈켄트에 있는 김병화 박물관(좌), 김병화 회장 사진(우)

실크로드를 개척하게 해 주었다. 이후 유라시아 대륙을 관통하는 이 길을 통해서 동양과 서양 간의 교류가 크게 활성화됨으로써 실크로드는 인류의 발전에 지대한 공헌을 하게 된다.

우리가 여행 중인 중앙아시아는 스키타이, 페르시아, 돌궐, 아랍 등 다양한 민족이 거주하면서 문화를 형성해 온 땅이다. 여기에 실크로드를 따라 서쪽으로부터 유럽 문물이, 동쪽으로부터 중국과 동아시아 문물이, 그리고 남쪽으로부터 인도의 문물이 각각 흘러들어 와 기존 문화와 융합된 지역이다. 종교적으로도 고대 페르시아에서 믿던 조로아스터교를 비롯하여 마니교, 기독교, 불교 등 다양한 종교가 수용되어 오다가 8세기 중엽부터 이슬람교가 본격적으로 전파되어 이 지역의 지배적인 종교로 자리매김하였고 그 맥락은 지금까지 이어져 오고 있다.

실크로드는 '오아시스 도시를 연결하는 길'이다. 오아시스는 사전적

으로 '땅속을 흐르는 지하수가 지층을 뚫고 나오는 지점에 형성된 웅덩이'라는 의미를 지닌 말이나 중앙아시아의 오아시스 도시는 톈산산맥과 파미르고원 등 고산 지대에 쌓여 있던 눈이 녹아 이룬 강들의 주변에 형성된 수변 도시를 말한다. 중앙아시아 지역의 가장 큰 두 개의 강은 시르다리야(Syr Darya)강과 파미르고원에서 발원하여 역시 아랄해에 이르는 아무다리야(Amu Darya)강이다.

그 이외에도 파미르고원에서 발원하여 사마르칸트와 부하라를 거쳐 아무다리야강으로 흘러 들어가는 제라프샨(Zeravshan)강, 시르다리야강의 지류인 아리스(Arys)강, 톈산산맥에서 발원하여 타라즈를 거친 후 건천으로 변하는 탈라스(Talas)강, 알마티, 톡마크, 비슈케크 등을 거친 후 건천이 되는 추(Chu)강 그리고 알마티를 남북으로 관통하고 일리(Ili)강과 발하슈(Balkhash) 호수로 이어지는 말라야 알마틴카(Malaya Almatinka)강 등이 중앙아시아의 주요한 오아시스 도시를 형성할 수 있게 했다.

러시아 강제 이주민 고려인

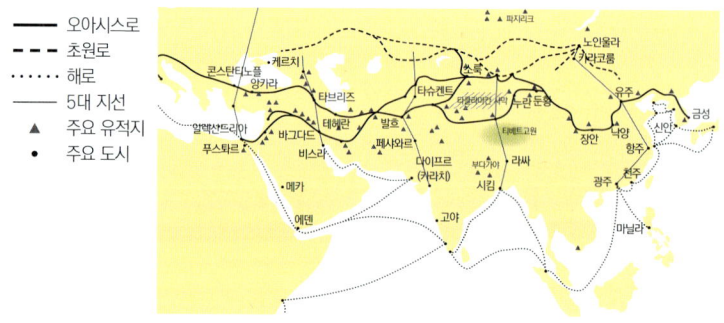

고려인이 중앙아시아로 이주한 지 올해로 160년을 맞이하고 있다. 한편 1897년에 시행된 제정 러시아의 인구 조사에 의하면 고려인들의 절대다수는 러시아의 극동 지방에 거주하고 있었지만, 중앙아시아 지역에도 7명이 살고 있었다. 1917년에 있었던 러시아 혁명과 이어진 내전(1918~1922) 그리고 세계 최초의 사회주의 국가인 소비에트 국가의 성립 등 대대적인 변화가 발생했고, 이 과정에서 고려인들의 삶의 터전도 바뀌게 되었다. 1922년 자료를 보면 고려인들이 소련 전역에 걸쳐 거주하고 있었음을 알 수 있다.

중앙아시아의 경우 1924년에 조직화한 노동 연맹이 타슈켄트를 중심으로 출범했고 1925년에는 농업 조합인 '일심(一心)'이 결성되어 회원이 30명에 가까웠다. '일심'은 훗날 '폴리토젤' 콜호스로 발전하게 되어 우즈베키스탄 공화국을 대표하는 집단 농장이 되었다. 1928년에 카자흐스탄 공화국에서는 식량 문제를 해결하기 위해 극동 지역에 거주하던 고려인들을 초청하기로 하여 벼농사 실험 재배를 시행했다. 이때 이주해 온 고려인은 300여 명이며 이들 중에는 벼농사 전문가도 포함되어 있었다. 시르다리야강 변에 살았으며 당시 카자흐스탄 지역의 중심이던 키질로르다에서 영농 조직인 '카즈리스'를 결성하였다.

1937년 이주는 자신들의 의사와는 관련이 없는 강제적인 이주였고 삶의 근거지에서 추방된 사건이었다. 그 규모는 상상을 초월할 정도로 많아 17만 2천여 명에 이르렀다. 강제 이주 사건이 워낙 크고 비극적인 사건이다 보니 초점은 강제 이주 고려인에 대해서만 집중되었다.

중앙아시아 지역의 경우 생산성이 높았던 '북극성' 콜호스의 김병화 회장은 두 번이나 사회주의 노동 영웅 칭호를 받은 대표적인 고려인이었다. 폴리토젤 콜호스의 황만금 회장 또한 사회주의 노동 영웅이었고 소련 최고 지도자이던 흐루쇼프의 방문을 맞이했던 대표적인 고려인 지도자였다. 그래서 오늘날까지도 그들의 명성은 그대로 남아 있고 우즈베키스탄 민족까지도 존경하는 인물이다. "고려인들은 성실, 근면하며 생산성이 높은 사람들이다."라는 말도 이 무렵에 생겨났다.

고려인들은 1988년 서울 올림픽 중계를 보고서야 한국의 존재를 정확하게 알게 되었다. 이전에는 북한에서 제공하는 정보만 있었기 때문에 한국에 대한 실상을 알 수 없었다. 한국의 경제적 발전상은 고려인들의 마음을 크게 움직였고 민족적 자긍심이 크게 고조되어 한 번쯤 방문하고 싶은 역사적인 고국으로 자리 잡게 되었다.

소련 붕괴는 고려인들에게 희망과 절망을 동시에 안겨 준 커다란 사건이었다. 고려인들이 직업 선택과 이주 등 많은 분야에서 자유로운 선택을 할 수 있게 된 것은 매우 희망적인 일이었다. 그러나 바뀐 체제 하에서 자체적으로 경제 문제를 해결해야 하는 것은 부담이 되었고, 1개의 나라가 15개국으로 독립됨에 따라 이산가족 문제가 발생한 것은 슬픈 일이었다. 무엇보다도 경제 문제를 국가가 더 이상 보장해 주지 않았기 때문에 스스로 이를 해결해야 했고, 중앙아시아나 러시아어가 제1의 언어가 아닌 고려인들은 현지인들의 민족 언어를 새롭게 배워야 하는 문제도 큰 부담이었다.

최근 30여 년 동안 우즈베키스탄을 비롯한 중앙아시아 국가들과 한국의 교류는 날로 증가하고 있다. 소련 시기에는 이들 지역과의 교류가 없어서 고려인의 존재 여부도 잘 알려지지 않았다. 일찍이 한국 기업이 우즈베키스탄에 진출하였는데 '대우'와 같은 대기업은 우즈베키스탄 국민들에게 매우 잘 알려져 있다. 지금도 대우자동차는 우즈베크 국민들의 국민차 역할을 하고 있다.

한국 문화도 중앙아시아 지역에 널리 알려지기 시작했고 한국 드라마는 양국의 민족 정서가 비슷하다는 이유로 중앙아시아의 우즈베키스탄이나 카자흐스탄에서도 호감을 얻고 있다. 한국어의 전파 역시 활발하게 진행되어 중앙아시아 국가에서 한국어 학습 열기는 매우 높다. 이런 변화 속에서 고려인들은 한국 사람들에게도 점점 알려지기 시작했고 서로를 이해하려고 노력하고 있다.

고려인들은 남북한 어느 한쪽의 편을 들지는 않지만, 한국과 한국인에 대해 기대와 지지를 많이 하고 있다. 그 이유는 첫째, 한국은 개인의 자유가 보장되어 있으며 경제적으로도 매우 부강하다는 것이다. 이런 사실은 통제가 심했던 소련 시기를 거쳤던 고려인들에게 공감이 되었고, 동시에 다민족 국가에서 거주하던 고려인들에게 자신들이 말하는 '역사적 조국'의 위대함에 동족으로서의 자긍심을 가지게 했다.

둘째, 한국은 고려인들에게 우호적인 정책을 취한다는 것이다. 이주 노동자들을 적극적으로 수용하고 지원한다. 그래서 한국에는 약 11만 명의 고려인이 거주하고 있다는 점에 긍지감을 가지는데 이들 중 일부는 다시 거주 국가로 돌아와서 경쟁력을 가지는 사회인으로 살아갈 수 있다는 자신감을 준다.

셋째, 한국은 개방적인 국가이고 북한은 폐쇄적인 국가 그리고 정치체제가 매우 경직된 국가로 고려인들은 판단한다.

※ 〈출처〉 글: 2024 한-중앙아시아 평화통일 포럼, 벽화: 우즈베키스탄 아프로시압 박물관의 서벽 벽화 복원도

여행 일정

▶ 알마티 시내 투어

▶ 호텔 바캉스

숙소: Reion Hotel

28day 맛있는 여행 카자흐스탄

카자흐의 전통 고기 요리 베쉬바르막(Beshbarmak of Kazakh Meat)

베쉬바르막(Beshbarmak)은 '다섯 개의 손가락'이라는 뜻을 가진 수제비로, 카자흐스탄 사람들이 자주 먹는 국민 요리다. 다른 면 요리들과 다르게 이 음식은 고기가 메인이고 면은 서브. 원래 면이 중국 산시성의 도삭면처럼 퍼지게 잘려 있어 손을 이용하여 먹는 것에서 유래된 음식이다. 그래서 이 요리는 손을 잘 씻은 후 다섯 손가락을 이용해서 먹으면 아주 맛있다.

카자흐스탄에는 동물들이 많이 살고 있다. 대표적인 동물로는 양, 소, 말이다. 이 요리는 주로 이 동물들의 고기를 이용해서 만든다. 요리를 만들기 위해서는 첫째, 손으로 얇게 만든 밀가루 반죽이 중요하며, 둘째로 양파, 감자, 기타 재료를 잘 버무려서 큰 냄비에 넣고 찌는 것이다. 요리가 완성되면 크고 평평한 접시에 예쁘게 담는 것도 중요하다. 요리를 한 후 밑으로 흘러내린 국물은 버리지 않고 요리와 함께 먹으면 더욱 맛있다.

카자흐인과 키르기스인들은 킵차크 투르크계 민족으로 언어, 문화 등이 거의 같다 보니 요리 및 식문화도 비슷하다.

고대부터 유목민이다 보니 목축업이 발달해 고기 요리와 유제품 요리들이 발달되었다. 실크로드를 통한 중국과의 무역을 하다 보니 중국 요리의 영향도 많이 받았다. 훗날 이슬람 문화를 받아들이면서 할랄 푸드로 발달했다.

고려인들은 당근으로 김치, 나물무침과 비슷한 요리들을 먹었다. 오시 등 키르기스스탄 남부 페르가나 계곡, 카자흐스탄 남부의 투르키스탄시 등 남부 지역의 요리들은 중앙아시아에서는 각 나라마다 그 맛이나 요리 방법이 매우 비슷하다.

쿠르닥(Kuyrdak)

쿠르닥은 카자흐스탄의 전통 요리로 동물의 고기를 사용하며 양파와 감자를 많이 넣어서 만든 튀김 요리다. 쿠이르(Kuyru)는 '튀김'이라는 말에서 유래했다고 한다. 일반적으로 음식점에서 메인 코스 전에 나오는 것이 보통이다. 이곳에선 통조림 형태로 쿠르닥을 요리하는 경우가 많은데, 목동들의 점심 도시락으로 애용하기 때문이라고 한다.

바우르삭(Baursak)

초원을 빠르게 자주 이동해야 하는 유목민들에게는 빠르고 쉽게 빵을 만드는 것이 중요했다. 바우르삭은 이런 유목민의 생활과 잘 맞는 빵이다. 카자흐스탄 유목민들의 전통적인 빵인데 밀가루를 반죽해서 원형 또는 사각형 모양의 조각으로 만들어 카잔의 기름에 튀겨서 만든 요리다. 원형과 삼각형은 식탁을 장식할 때도 좋은 분위기를 연출하지만, 태양과 행복을 상징하는 음식이라 이곳 사람들에게 매우 인기 있는 음식이다. 빵을 먹을 때는 코우미스(Koumiss)를 포함한 발효유와 함께 먹어야 제맛을 낸다고 한다.

카린 콤베(Karyn Kombe)

카린 콤베는 누구에게나 부드럽고 쉽게 소화되는 카자흐스탄 전통 요리다. 신선한 양고기와 감자를 이용해서 만드는데 다양한 과일주스와 먹는다고 한다. 주로 식당에서 메인 요리로 나오는 고급 요리다. 카자흐스탄 사람들은 이 요리를 먹을 때 대부분 바우르삭과 함께 먹는다.

쿠미스(Kumys)

쿠미스는 암말의 젖으로 만든 유목민들의 전통 발효유 음료다. 영양가가 높고 일반인들에게 쉽게 소화되는 음료로 이동이 잦은 유목민들에게 아주 잘 맞는 음식이다. 말젖의 고소한 맛과 향을 가지고 있어 남녀노소가 좋아한다. 말젖의 고유한 특성으로 인해 결핵 치료나 예방에도 탁월한 효과가 있다. 이 때문에 이곳 의학 협회에서는 쿠미스 치료 시스템도 개발하고 있다고 한다.

라그만(Ragman)

라그만은 카자흐스탄과 중앙아시아에서 아주 인기 있는 이 지역의 전통 국수다. 일반적으로 부드러워질 때까지 끓인 수제 국수를 만든 다음 소고기나 양고기, 야채와 감자, 다양한 향신료를 넣고 만드는 푸짐하고 풍미 가득한 요리다. 국물이 있는 것과 국물이 없는 것이 있는데, 국물이 들어가면 짬뽕과 비슷하고, 국물이 없으면 쟁반짜장과 비슷하다. 중국집에서 짬뽕이나 쟁반짜장을 먹는다고 생각하면 그 맛을 짐작할 수 있을 것이다.

삼사(Samsa)와 만티(Manti)

삼사는 중앙아시아 어느 나라에서나 먹을 수 있는 인기 있는 페이스트리로, 고기로 채워진 턴 오버 또는 엠파나다와 비슷하다. 얇게 핀 밀가루 반죽에 양고기 또는 쇠고기 다진 것, 양파, 쿠민, 후추, 파프리카 등을 넣고 속을 채운 후에 튀긴 요리다. 튀겨서 고소하고 고기라서 맛있으니 꼭 먹어 보길 추천한다. 길거리에서도 많이 만날 수 있다.

만티는 중국 또는 중앙아시아 만두와 유사한 카자흐스탄의 전통 만두다. 인기 있는 길거리 음식이며 카자흐스탄의 가정이나 식당에서 먹을 수 있다. 만티는 밀가루로 피를 만들고 그 안에 양고기

나 소고기와 함께 양파를 넣고 쪄서 만든 음식이다. 고기 기름 때문에 뜨거워서 한국인이 먹기에는 약간의 곤란함이 있으나 아주 맛있는 음식이다.

샤슬릭(Shashlik)

러시아나 몽골, 코카서스, 중앙아시아 여러 나라에서 가장 인기 있는 꼬치구이다. 양고기가 주를 이루지만 가끔 소고기, 닭고기를 사용하기도 한다. 고기와 과일을 함께 꼬챙이에 끼워서 양념과 기름을 섞어 재운 다음 부드러운 육즙이 나올 때 숯불에 바로 굽는 요리다. 숯불에 구워서 바로 먹기 때문에 고기 기름으로 인한 느끼함이 덜하고 부드러워서 아주 맛있다. 느끼한 요리가 주를 이루는 이곳에서 한국인에게 잘 맞는 요리다. 이곳에선 가성비 대비 값도 비싸지 않고 식당도 많으니 꼭 먹어 보길 추천한다.

※ 음식 사진 출처: IMPRESSIONS OF 100 ALMARTY(visit Almaty). 2018

여행 일정

▶ 알마티 시내 투어

▶ 호텔 바캉스

숙소: Reion Hotel

29day 알마티의 공원(Almaty Parks)과 황금 인간

대통령 공원(Park of the First President)

　대통령 공원에 갔다. 대통령 공원은 알마티 남서쪽 외곽 알파라비 애비뉴 남쪽에 위치한 현대적인 공원이다. 이 공원은 2001년에 처음으로 나무를 심으면서 조성되기 시작하여 10년이 지난 2011년에서야 대중의 방문을 위해 개방되었다고 한다. 이 공원은 초대 대통령이 만들었다고 하는데 분수며 조형물이며 모두가 으리으리하다. 공원 입구에는 커다란 44개의 돌기둥으로 구성된 인상적인 반월형 모양의 장식이 아름다움을 뽐내고 있으며, 공원으로 들어가기 전 광장에는 분수가 있어 물을 내뿜고 공원 주변엔 아름다운 꽃들을 심고 가꾸어 공원을 한결 산뜻하게 하고 있었다. 공원으로 들어서게 되면, 일단 거대한 분수광장을 만나게 된다.

가운데에 커다란 분수가 둥그렇게 5단으로 놓여 있고, 양쪽 가장자리로는 계단이 있다. 한여름 밤에 공원 안으로 들어가면 음악이 흐르는 분수와 카자흐스탄 독립 20주년을 기념하는 장식 패널이 있어 더욱 아름답다고 한다.

그보다는 공원 뒤로 이어져 있는 일레알라타우(Ile Alatau)산맥의 멋진 전망을 바라볼 수 있었다. 그러나 입장료는 없다.

판필로프 거리(Panfilov Street)

판필로프 거리는 알마티 도심 한가운데를 지나는 거리다. 판필로프는 제2차 세계대전이 한창이던 1941년, 모스크바 전투에서 나치 독일의 전차 부대를 막아 낸 사단을 말한다. 사단장의 이름이 판필로프였다는 설도 있다. 그래서 그런지 알마티를 여행하다 보면 여기저기에서

'판필로프'라는 단어를 많이 만날 수 있다. 이 거리에는 오페라 극장, 정부청사, 대학 등 고풍스러운 건물들이 많이 늘어서 있으며 서울의 '경의선숲길'처럼 보행자들이 다닐 수 있도록 꾸며져 있다. 이곳엔 자동차가 지나다니지 않아서 조용히 산책하기에 알맞은 장소다. 이 거리의 핵심 포인트는 멀리 보이는 톈산산맥에 싸인 만년설을 배경으로 사진을 찍어 보는 것이다.

이식 쿠르간 박물관(Issyk-Kurgan Museum)

이식 쿠르간 박물관(Issyk-kurgan museun)에 갔다. 이 박물관으로 가기 위해서는 알마티 라임백 지하철역 근처에서 이식 쿠르간 방향으로 가는 마르슈르트(알마티에서 운행하는 시내버스)를 타야 한다. 역 근처 사야트(SAYAHAT)에서 7인 승객이 타는 차량을 타니 요금은 인당 700텡게이다. 이곳에서 택시를 타기 위해 얀덱스 고를 검색해 보니 이식 쿠르간 박물관까지 8,000텡게라고 나온다. 알마티 시내에서 225번 버스를 타도 박물관 앞을 경유한다고 한다.

이식 쿠르간은 알마티에서 동쪽으로 50km 정도 떨어져 있는 고분군이다. 1953년부터 1958년까지 소련의 고고학자 마르티노프(G. S. Martynov), 아키쉐프(Kemal Akishevich Akishev), 코필로프(I. I. Kopyiov) 등이 발굴했다. 특히 아키쉐프의 공이 크다. 그는 1969년에 특이한 모습의 고분을 발굴했다. 기원전 4세기 목곽분으로 유체에 장식한 관, 상의, 바지 종아리 부분 등이 붙어 있는 식판, 그 외에 총 4,000점에 이르는 황금 제품이 발견되었다. 그 대부분은 삼각형의 작은 조각이나, 관, 상의 소맷자락, 벨트 등의 장식이다. 장식에는 동물을 사용하고 있어 유라시아 북방, 스텝 미술의 특색을 나타내고 있다. 고분의 크기는 높이 6m, 둘레 60cm로 주변 지형으로 볼 때 매우 독특한 모양을 하고 있었는데, 이곳에서 출토된 대표적인 것이 바로 황금 인간이다. 금으로 치장된 통치자의 모습이다.

박물관에 들어서면 바로 이 황금 인간을 만날 수 있다. 이곳에 있는 황금 인간은 기원전 3~4세기의 인물로 스키타이인(사카인)이었을 것으로 추정된다. 이곳 부장품 중에는 날개를 탄 표범상이 있는데 카자흐스탄의 국가를 상징하기도 한다. 카자흐스탄의 독립 광장에 솟아 있는 상징탑 끝에 표현되어 있다. 이식 쿠르간 고분군은 카자흐스탄에서 기원전부터 사람이 살고 있었다는 증거이다. 이 유적과 유물로 카자흐인들의 기원이 되는 역사적 근거를 알 수 있으며, 동시에 우리나라 경주에 있는 고분들과 비교 연구가 진행되고 있다는 점에서 의미가 있다.

여행 일정

▶ 대통령 공원

▶ 사업협력센터

▶ 판필로프 거리

▶ 이식 쿠르간 박물관

숙소: Reion Hotel

우즈베키스탄 V
Tashkent

타슈켄트의 밤은 마법이 일어난다.
여름의 무더위를 말끔히 덜어 낼 수 있는 아름다운 장소
분수 쇼와 많은 사람들이 어우러진 행복의 명소들이 많다.

10. Again Tashkent

30day 아름다운 야경과 분수 쇼가 어우러진 매직 파크(Magic Park)

타슈켄트의 여름은 상상할 수 없을 만큼 뜨겁다. 알마티에서 출발한 10시 45분발 타슈켄트행 비행기는 1시간 40분 후 어김없이 타슈켄트 국제공항 T2 터미널에 도착했다. 공항에서 나와 숙소까지는 택시를 타야 한다. 얀덱스 고 앱에 익숙하지 않은 우리는 얀덱스 고 택시를 타기가 쉽지 않다. 얀덱스 고로 계속 택시를 호출하지만 잘 걸리지 않았다. 공항에는 어디서나 호객 행위를 하는 기사들로 넘쳤다. 여기서도 마찬가지다. 우리의 숙소 Hotel Friday Old City까지 5불에 흥정을 마치고 택시를 탔다. 숙소에 도착하자 1시 40분, 체크인 시간까지는 20분이 남았다.

호텔은 새로 지었는지 아주 깨끗하고 느낌도 좋았다. 2인 1실 더블 베드가 있는 침실이 하룻밤에 53불이다. 체크인을 하고 방에 들어오니 방이 너무 좁다. 침대와 욕실, TV가 놓여 있다. 호텔 앞에는 빵을 굽는 빵집이 있다. 슈퍼마켓도 가까이 있다. 조식 메뉴는 이번 여행에서 만났던 식단 중에서 가장 좋다. 한국인들의 입맛에 아주 잘 맞는 메뉴가 많아서 좋다. 멜론과 수박, 바나나, 달걀프라이, 계란 오믈렛과 타락죽, 여러 가지 햄, 우유와 빵, 각종 과일 등 아주 정성을 들인 식단이었다.

분수 쇼가 아름다운 '서울문'

한국 음식점 '가마솥'에서 늦은 점심을 먹고 나와 천천히 걸어서 매직 파크로 향했다. 20분쯤 걸었을까. 우리가 만난 곳은 '서울문'이다. 서울문은 우즈베키스탄 타슈켄트 시내 중심부에 있다. 이곳에 가면 커다란 서울문 타워가 바로 눈에 들어오고, 물살이 거센 강물이 흐르고, 강 양쪽으로 아름다운 거리가 형성되어 있다. 거리에는 한국 화장품부터 가전제품, 심지어 먹거리들까지 잘 갖추어져 있다. 아주 인상 깊은 것은 저녁 7시가 되면 아름다운 음악에 맞추어 강 양쪽에서 분수가 뿜어져 나오며 춤을 추기 시작하는데, 거센 물살과 분수가 어우러져 아주 환상적인 분위기를 연출한다. 분수 쇼는 오후 7시, 8시에 2번 열리는데 멋진 조명과 음악이 함께 제공된다. 공연 시간은 15분 정도다. 서울문 거리에는 아주 좋은 품질의 음식과 음악을 제공하는 카페와 레스토랑이 많다. 아름다운 강물의 흐름과 분수 쇼, 맑은 공기가 신선하고, 먹거리, 볼거리가 많은 곳이니 꼭 들러보길 추천한다.

야경 속에 피어나는 밤의 여왕 매직 파크(Magic Park)

서울문에서 걸어서 7분쯤 거리에 매직 파크(Magic Park)가 있다. 이곳은 3년 전에 만들어진 명소인데, 가족이나 연인, 친구들이 모여서 가는 타슈켄트의 핫 플레이스다. 타슈켄트를 여행하는 사람이라면 꼭 가 보길 추천한다. 반드시 밤에 가야 한다. 야경이 아주 예쁘기 때문이다. 특히 8시에 공연하는 분수 쇼와 어우러지는 야경은 가히 환상적이라 할 수 있다. 입장료는 무료지만 놀이기구를 타기 위해서는 티켓을 따로 구입해야 한다.

여행 일정

▶ 서울문

▶ 매직 파크

숙소: Friday Old City Hotel

31day 야경 속에 피어나는 타슈켄트 시티 파크 분수 쇼

빵 굽는 청년 압드락몽

아침부터 호텔 앞에서 구수한 냄새가 났다. 구수한 냄새는 호텔 앞 빵 가게에서 풍겨 나오고 있었다. 이 냄새는 우즈베키스탄 사람들의 주식 '러뽀슈카'라 불리는 빵을 굽는 냄새다. 17살 청년 압드락몽은 이 빵 가게에서 매일 500개의 빵을 굽는다고 한다. 우리가 빵 가게에 들어가자 청년은 우리를 무척 반갑게 맞이하며 빵 하나를 건넸다. 아직 빵에서는 구수한 냄새와 온기가 남아 있다. 뜯어서 먹어 보니 촉촉하고 맛있다. 이곳 사람들은 어디를 가나 친절하고 반갑게 우리를 맞이한다. 한국 사람을 좋아하는 이들의 의식 때문일까? 아니면 천성이 그런 것일까? 빵 1개에 6,000숨(한화 620원)에 팔고 있었다.

민주 평통 평화 포럼 인터네셔널 호텔

코아투어 대표 신현권 사장님의 초청으로 인터네셔널 호텔에 갔다. 오늘 오후 3시부터 고려인과 민주 평통이 공동으로 주체하는 '자유, 평화, 번영'을 위한 포럼이 열렸다. 한국에서 온 정부 인사와 이곳 한인 대표, 고려인 대표 등 50여 명이 참여한 포럼이었다. 포럼 내용은 '고려인의 이주 역사를 더듬어 가며 고려인을 위한 한국 정부의 지원 방안과 평화 통일을 염원하는 것들'이었다. 이곳에서는 자주 열리는 행사라고 한다. 올해는 고려인이 이곳에 이주해 온 지 160년이 된 해라고 한다. 이 행사를 통해 고려인들의 생활상을 자세히 알 수 있었다. 행사 후 성대한 만찬이 있었다. 고급 호텔에서 마련한 음식이라서 맛있는 음식들이 많이 나왔다. 식사 후에는 고려인 한국 무용단의 공연이 있었다. 부채춤, 학춤 등을 선보였다. 여행 중에 포럼에도 참여하고 맛있는 음식도 먹고 멋진 공연도 볼 수 있는 기회를 갖게 되어 무척 행복했다.

밤에 피는 분수 쇼의 명소, 타슈켄트 시티 파크(Tashkent City Park)

타슈켄트 시티 파크에서는 매일 밤 환상적인 분수 쇼가 열리고 있다. 힐튼 호텔 앞에는 커다란 호수가 있는데, 매일 밤 8시와 9시에 분수 쇼가 벌어진다. 밤이면 이곳에선 건물마다 조명이 설치되어 요즘 보기 드문 야경이 펼쳐지고, 분수 쇼까지 펼쳐지니 사람들로 가득 찼다. 호수 주변에 설치된 아름다운 야경과 감미로운 음악이 곁들여

진 분수 쇼는 가히 환상적이다. 이 쇼를 보기 위해 이 시간이면 많은 사람이 몰려든다. 이 쇼를 핸드폰에 담기 위해 발 디딜 틈이 없다. 특히 힐튼 호텔의 시시각각으로 변화하는 조명은 매일 밤 이곳을 더 아름다운 밤으로 만들어 내고 있다.

한국 음식점 '다코야 치킨'

타슈켄트 시티 공원 호수 앞에는 '다코야 치킨'이라는 한국 음식점이 있다. 분수 쇼를 보기 위해 이곳에 왔다가 들렀다. 한국식 치킨을 파는 곳이다. 약간 덜 촉촉하고 간이 덜 밴 치킨이지만, 한국인의 입맛을 돋우는 치킨이 있었다. 맥주와 소주도 팔고 있었다. 소주와 맥주를 주문해서 소맥을 만들고, 치킨 한 마리를 주문해 치맥이 됐다. 오늘도 치맥 한잔과 함께 야경과 분수 쇼가 아름답게 어우러진 타슈켄트에서의 밤을 보냈다.

여행 일정

▶ 숙소 앞 빵집
▶ 인터네셔널 호텔 평화 포럼
▶ 타슈켄트 시티 파크
▶ 한국 음식점 '다코야 치킨'

숙소: Grand Mir Hotel

32day 타슈켄트 또 하나의 명소 침간산

 오늘은 타슈켄트의 으뜸 명소 침간산과 차르박 호수를 만나러 간다. 침간산은 우즈베키스탄 타슈켄트에서 차로 1시간 30분 거리에 위치한 3,309m의 톈산산맥 줄기로 만년설이 뒤덮인 영산이다. 8시 30분 코아투어(Kortour) 신현권 사장님의 차를 타고 침간산으로 향했다. 타슈켄트의 여름은 여전히 덥다. 한낮 온도가 35도가 넘는다. 타슈켄트 시내에서 침간산까지는 2시간이 넘게 걸린다. 차 안이 넓은 것 같지만 다섯 명이 타고 먼 길을 가니 생각보다 좁았다.

철마다 아름다운 침간산

 침간산 여행은 침간산 입구에서 아미르소이 침간 스키장으로 오르는 길, 리프트를 타고 오르는 소침간산과 걸어서 천천히 오르는 대침간산이 있다. 아미르소이까지는 케이블카를 타고 오른다. 프리마(Prima)

코스는 월~금요일 주중에 가능하고, 요금은 인당 왕복 110만 숨(55세 이상 경로 우대 75만 숨)이다. 일일이 여권 사진을 찍고 신분을 확인하고 있다. 여권을 가지고 가는 것은 필수다. 케이블카를 타고 중간에 한 번 환승을 한다. 정상까진 10분 정도 소요된다. 말을 타고 오르는 방법도 있다.

우리는 천천히 능선까지 오르기 위해 대침간산을 오르기로 했다. 소침간산과 대침간산을 천천히 오르면 멀리 차르박 호수가 천천히 산에 오르는 만큼만 자신의 모습을 보여 준다. 산으로 오르는 길은 오를수록 맑고 신선한 바람이 기분 좋게 불어온다. 오르는 길은 쉬운 길이 아니다. 모랫길이라 등산화를 신지 않으면 밑으로 미끄러지기 일쑤다. 오르기 힘들고 어려운 길을 3시간 넘게 오르다 산길이 너무 험해서 그냥 내려왔다. 산에서 내려오는 길에선 멀리 옥빛 호수 차르박을 한눈에 내려다볼 수 있었다.

침간산의 친구 차르박 호수

차르박 호수는 우즈베키스탄 침간산 아래 펼쳐진 아름다운 호수다. 바다가 없는 이곳 우즈베키스탄에서는 차르박 호수는 바다 못지않게 많은 사람들의 사랑을 받고 있는 유명 관광 명소 중의 하나다. 6년간의 공사 끝에 19770년에 댐을 막아 만든 인공 호수라고 한다. 눈 덮인 산과 옥색 물빛이 어우러져 더욱 아름다운 경치를 만들어 내고 있다. 이 호수에는 수력발전소가 있고, 호수는 상수원과 홍수 조절 등의 중요한 역할을 한다. 가까이에 침간산이 있고, 호텔과 식당 등 숙박 시설과

놀이 시설 등이 잘 갖추어져 있어 여름 피서지로도 제격이다. 침간산과 마찬가지로 이곳에도 말을 타는 곳이 있다. 이 지역 말들은 다른 지역의 말들보다 크고 좋다. 이곳에서 말타기는 산악 지대 운송 수단으로 이용되었는데, 지금은 교통수단이 발달하면서 전통을 살려 관광 차원에서 말타기가 여전히 유행하고 있다고 한다. 아무튼 호숫가에서 말을 타는 것은 이색적인 일이다.

고려인 식당 '만남(Mannam)'과 국시

 돌아오는 길에 고려인이 운영하는 식당 '만남'에 들렀다. 식당 앞에는 많은 차량들로 붐볐다. 이곳을 찾는 사람들이 많았다. 식당은 2층으로 되어 있는데, 식당으로 들어서면 넓고 긴 홀이 마음에 든다. 우리는 옆에 있는 룸에 자리를 잡았다. 고려인 식당에서 유명한 음식은 국시다. 국시는 약간 달고 짭짤한 간장에 오이와 토마토, 소고기 양념을 넣은 국물에 쫄깃한 국수를 넣어 만든 여름 음식이다. 시원한 국물에 고명이 많이 들어가서 더욱 마음에 들었다. 고춧가루와 후춧가루를 팍팍 넣어서 먹으면 더욱 맛이 좋다. 처음에는 약간 겁이 나서 깨작거리기도 했지만 이내 국시가 당기는 맛에 빨려들었다. 먹을수록 시원하고 상큼하다. 여름 별미로 안성맞춤이다. 입에 착착 감기는 맛이 중앙아시아 4개국을 여행하면서 먹은 음식 중에서 당연 최고였다. 중앙아시아 하면 영원히 떠오를 맛, 국시를 알게 해 주고 사 주신 신현권 사장님께 다시 한번 고마움을 전하다.

여행 일정

▶ '코아투어' 여행사
▶ 침간산
▶ 차르박 호수
▶ 고려인 식당 '만남'

숙소: Grand Mir Hotel

33day 중앙아시아 여행의 뒤안길, 타슈켄트에서의 하루

오전 시간을 호텔에서 보내고 오후 12시에 체크아웃을 했다. 코아투어 여행사로 가야 한다. 얀덱스 고 택시를 타려고 택시를 불렀다. 코아투어 여행사의 주소가 정확하지 않았다. 얀덱스 고 택시를 이용하기 위해서는 반드시 주소를 정확히 입력해야 한다. 그렇지 않으면 요금이 많이 나오거나 택시를 기다리는 비용이 들어간다. 코아투어 여행사 근처 미라바드 바자르의 주소를 입력했다. 13,000숨에 택시를 불렀는데,

49,000숨의 요금이 찍혔다.

미라바드 바자르(Mirabad Bazaar)

　미라바드 바자르는 타슈켄트 중심에 있다. 미라바드 바자르 안에 있는 고려인 식당에 가서 점심을 먹었다. 어제 먹은 국시 맛이 입에서 감돌았다. 또다시 국시를 시켰다. 국시가 준비되는 동안 '백오자'라는 만두를 주문했다. 겉은 우리나라 술빵 같은데, 속은 양배추와 양고기를 함께 버무려 만든 커다란 만두의 일종이다. 아주 맛있다. 튀기지 않은 고로케 맛이다. 꼭 시켜 먹어 보길 권한다. 점심 식사 후에 바자르를 구경했다. 이곳 사람들의 생필품이 잘 정돈되어 있었다. 물건을 파는 사람들 역시 순박하고 친절했다.

여행의 마무리 타이 마사지

이제 여행의 막바지다. 여행의 피로가 밀려왔다. 바자르 근처에 타이 마사지 클럽이 있다. 여행의 마지막은 마사지라는 말이 있듯이 여행의 피곤을 풀기 위해 마사지 클럽에 들렀다. 100분, 67만 숨(한화 7만 4천 원)이다. 낮에는 20% 세일이다. 마사지를 받는 동안에는 뭉쳐 있던 근육이 풀리면서 무척 아팠으나, 마사지를 받고 나니 기분이 상쾌하고 몸이 가뿐했다. 장기간 여행을 했다면 여행 끝에는 마사지를 받아 보길 강추한다.

우즈베키스탄 한국어 교육의 산실 '세종학당'

*세종학당 입구(좌), 세종학당 교장 허선행 선생님(우)

코아투어 여행사 근처에 세종학당(Tashkent Sejong Hakdang, sejonghakdang.uz)이 있다. 세종학당은 외국인에게 한국어를 가르치기 위해 만들어진 외국에 주재하는 한국어 교육 기관이다. 타슈켄트 세종학당은 허선행 교장 선생님을 중심으로 한국 원어민 교사 5명과 타슈켄트 강사들이 운영하고 있으며, 600여 명의 학생들이 수강하고 있다.

타슈켄트 세종학당은 1991년 6월에 한국어 학교로 설립되어 2011년 8월부터 세종학당으로 지정 운영되고 있다. 정규 과정 및 TOPIK, 한국 요리, K-POP, 비즈니스 한국어, 통번역 등 특별 과정도 운영하고 있다. 교육 여건 역시 독립된 공간과 쾌적한 환경에서 체계적인 한국어 학습이 가능하도록 최신식 현대 시설을 갖추고 있다. 연 3학기제로 3월, 8월, 12월에 학생들을 모집하고 있으며, 최소 4학기를 이수한 학생이라면 상당한 수준의 한국어 구사 능력을 갖출 수 있다고 한다. 또한 이곳에서 일정 기간 교육을 받고 정규 과정을 수료한 후 세종학당 수료증을 가지고 세종한국어평가(SKA) 시험에 합격하면 한국 비자 취득도 가능하다. 타슈켄트에 한국어를 가르치는 세종학당이 있고, 이곳에서 많은 우즈베크 사람들이 한국어를 배울 수 있다고 생각하니 마냥 기분이 좋았다.

이상으로 33일간의 중앙아시아 4개국 여행을 마무리한다. 긴 여행이었지만 '여행이란 미지의 세계를 탐험하고 새로운 세상을 만나는 과정'이라고 생각하기에 즐겁고 재미있고 의미 있는 여정이었다. 이번 여행에서도 어김없이 나 자신을 찾고 돌아보는 기회를 만났고, 여행 내내 '나는 운이 좋은 사람이다.'라는 생각으로 임했기 때문에, 많은 좋은 인연들을 만날 수 있었다. 여행 중에 만났던 좋은 사람들, 아름답고 기분

좋게 했던 볼거리, 맛있는 먹거리, 편안한 잠자리, 우리가 이용했던 많은 교통수단까지 우리와 닿았던 많은 인연에 감사한다.

여행 일정

- ▶ 미라바드 바자르
- ▶ 타이 마사지
- ▶ 세종학당
- ▶ '코아투어' 여행사, 귀국

■ 도움이 되는 중앙아시아 4개국 기본 정보

1. 우즈베키스탄(Uzbekistan) - 실크로드의 오아시스

- ▶ 인구: 35,673,804명(2020년, 세계 43위)
- ▶ 면적: 448,924㎢(세계 56위)
- ▶ 수도: 타슈켄트(Tashkent)
- ▶ 종교: 이슬람교 88%(수니파 70%), 러시아 정교회 4.8%, 기타 7.2% (2020년)
- ▶ 화폐 및 환율: 우즈베키스탄 숨(UZS), 10,000숨 = 한화 1,100원
- ▶ 언어: 우즈베크어(공식어), 러시아어(제2언어)
- ▶ 시차: 한국보다 4시간 느림(타슈켄트 기준)
- ▶ 무비자 관광 기간: 30일
- ▶ 여행 적기: 최고 적기는 5, 6, 9, 10월이며, 7~8월 최고 기온은 40도가 넘는 경우가 많음
- ▶ 기본 정보: 우즈베키스탄은 중앙아시아 중부에 있는 국가로 시르다

리야강과 아무다리야강 사이에 있으며 일찍이 농업이 발달했고, 과거 실크로드의 교차로에 위치한 지리적 장점으로 인해 중앙아시아 역사와 문화 중심지로 발전하였다. 19세기 후반 제정 러시아의 속국이 되었으며 1924년 10월 구소련의 일원으로 우즈베크 소비에트 사회주의 공화국을 수립하였다. 구소련의 붕괴와 함께 1991년 9월에 완전 독립하였다.

▶ 간단한 언어 표현
- 안녕: 살롬(Salom)
- 안녕하세요: 앗살롬 알레이쿰(Assalomu alaykum)
- 고마워요: 라흐맛(Rahmat)
- 이거 얼마예요?: 부닝 나르히 칸차?(Buning narxi qancha?)
- 식당: 오시호나, 레스토랑, 카페(Oshxona, Restoran, Cafe)

2. 타지키스탄(Tajikistan) - 파미르고원의 나라

▶ 인구: 10,331,513명(2020년, 세계 91위)

- ▶ 면적: 14,137,900㎢(세계 96위)
- ▶ 수도: 두샨베(Doshanbe)
- ▶ 종교: 이슬람교 98%(수니파 85%), 기타 2%(2020년)
- ▶ 화폐 및 환율: 소모니(TJS), 100소모니 = 한화 12,556원
- ▶ 언어: 타지크어(모국어), 러시아어(사용 언어)
- ▶ 시차: 한국보다 4시간 느림(두샨베 기준)
- ▶ 무비자 관광 기간: 90일

▶ 기본 정보: 타지키스탄은 중앙아시아 파미르고원에 위치한 나라로 독립국가연합(CIS)을 구성한 공화국의 하나이다. 4,000m 전후의 높은 산맥이 여러 개 있는 지형에 기후는 산들의 표고 차가 심한 데 따라 다양한 모습을 보이고 있다. 주요 산업은 목화의 생산량이 독립국가연합 내에서 우즈베키스탄 공화국 다음으로 많다. 산지의 목장에서는 양·산양·야크가 방목되며 이 나라에서 생산되는 양탄자는 세계적으로 유명하다. 지하자원은 빈약한 편이나 석유·천연가스·납·아연·중석·주석·금·우라늄 등이 매장되어 채굴되고 있다. 공업은 직물·화학·알루미늄 공업이 최근 들어 크게 성장하고 있다.

▶ 간단한 언어 표현
- 안녕: 살롬(Salom)
- 안녕하세요: 살롬 알레이쿰(Salomu aleykum)
- 고마워요: 타사쿠르, 라흐맛(Tashaku, Rahmat)
- 이거 얼마예요?: 부닝 나르히 칸차?(Buning narxi qancha?)
- 식당: 오시호나, 레스토랑(Oshxona, Restoran)

3. 키르기스스탄(Kyrgyzstan) - 중앙아시아의 알프스

- ▶ 인구: 6,839,706명(2020년, 세계 108위)
- ▶ 면적: 19,995,000㎢(세계 86위)
- ▶ 수도: 비슈케크(Bishkek)
- ▶ 종교: 이슬람교 80%(수니파 80%), 러시아 정교회 15%, 기타 5% (2020년)
- ▶ 화폐 및 환율: 솜(KGS), 1,000솜 = 한화 15,900원
- ▶ 언어: 키르기스어(모국어), 러시아어(사용 언어)
- ▶ 시차: 한국보다 3시간 느림(비슈케크 기준)
- ▶ 무비자 관광 기간: 90일
- ▶ 여행 적기: 최고 적기는 5, 6, 9, 10월이며, 7~8월 최고 기온은 40도가 넘는 경우가 많음

- ▶ 기본 정보: 키르기스스탄은 유라시아 대륙 중앙아시아의 북동쪽에 위치하고, 북쪽으로는 카자흐스탄, 서쪽은 우즈베키스탄, 남서쪽은 타지키스탄, 동쪽은 중국과 국경을 접한 나라다. 1991년 소비에트

연방으로부터 독립했다. 해발 2,000m 이상의 고산 지대가 국토의 80%를 차지하고 있으며, 천혜의 자연환경과 광물 자원을 기반으로 관광 산업 육성 등을 통해 경제발전을 이룩하고 있다.

중앙아시아에서는 유일하게 독재와 부정부패에 항거하는 민주화 운동을 하여 정권 교체를 하는 등 국민들이 진취적이고 자발적인 정치 참여를 하는 나라다.

중앙아시아의 알프스라고 불리는 만큼 천혜의 자연환경을 지니고 있으며, 트레킹 등 자연을 즐기러 많은 여행자들이 찾는 곳이다.

▶ 간단한 언어 표현
- 안녕: 살롬(Salom)
- 안녕하세요: 앗살롬 알레이쿰(Assalomu alaykum)
- 고마워요: 라흐맛(Rahmat)
- 이거 얼마예요?: 불 칸차 투랏?(Bul Kancha Turat?)
- 식당: 아시카나, 레스토랑, 카페(Ashkana, Restorant, Cafe)

4. 카자흐스탄(Kazakhstan) - 중앙아시아의 경제 강국

- ▶ 인구: 19,828,165명(2020년, 세계 64위)
- ▶ 면적: 2억 7,249만㎢(세계 9위)
- ▶ 수도: 아스타나(누르술탄)
- ▶ 종교: 이슬람교 73%(수니파 80%), 러시아 정교회 20%, 기타 7% (2020년)
- ▶ 화폐: 텡게(KZT), 1000텡게: 한화 2,790원
- ▶ 언어: 카자흐어(모국어), 러시아어(사용 언어)
- ▶ 시차: 한국보다 3시간 느림(아스타나 기준)
- ▶ 무비자 관광 기간: 90일
- ▶ 여행 적기: 최고 적기는 5, 6, 9, 10월이며, 7~8월 최고 기온은 40도가 넘는 경우가 많음

- ▶ 기본 정보: 유라시아 대륙 중앙에 자리한 중앙아시아 권역 국가이다. 1925년 카자흐스탄 자치 공화국을 거쳐 1936년 카자흐스탄 소비에트 사회주의 공화국이 되었으며, 1991년 구소련의 해체와

함께 카자흐스탄 공화국으로 독립하였다. 지경학적 이점을 통해 독립국가연합국 중 가장 급속한 성장을 이룩했으며, 약 140여 민족이 공존하고 있는 다민족 국가다.

▶ 간단한 언어 표현
- 안녕: 살롬(Salom)
- 안녕하세요: 앗살롬 알레이쿰(Assalomu alaykum)
- 고마워요: 라흐맛(Rahmat)
- 이거 얼마예요?: 불 칸차 투라드?(Bul Kancha Turady?)
- 식당: 아시하나(As-hana)

■ 2024 중앙아시아 4개국 여행 일정

날짜	국가	일정	숙소	비고
1day	우즈	10:15 인천 공항 → 타슈켄트	Alliance Hotel	환전, bee 라인 유심
2day	우즈	타슈켄트 자유 투어	Alliance Hotel	
3day	우즈	타슈켄트 자유 투어	Alliance Hotel	
4day	우즈	타슈켄트 → 누쿠스(무이나크/아랄해)	Jipek joli Hotel	
5day	우즈	누쿠스 → 히바	Orient star Hostel	
6day	우즈	히바 → 부하라	Chor Minor Hostel	
7day	우즈	부하라 → 사마르칸트	Niso Hotel	
8day	우즈	사마르칸트 시티 투어	Niso Hotel	
9day	우즈	사마르칸트 → 두샨베	Yellow Hostel	파미르 통행증
10day	타지	두샨베 자유 투어 → 히소르	Yellow Hostel	
11day	타지	파미르고원 길 출발 → 호로그	LAL Hotel	
12day	타지	파미르고원 지제브 트레킹	Micha Guest house	
13day	타지	지제브 → 무르갑	Murghab ADAI Guest house	
14day	타지	파미르고원 길 → 아크바이탈	Gany Yurt camp	
15day	타지	파미르고원 길 → 레닌봉Bc → 오시	Astoria B&B	
16day	타지	오시 자유 투어	Astoria B&B	
17day	키르	오시 → 비슈케크 자유 투어	Kosia Hostel	
18day	키르	비슈케크 → 미나렛 부라나 타워 → 송쿨 호수	Son kol Yurt Camp	
19day	키르	송쿨 호수 → 바르스콘 → 이식쿨 호수	Barskoon Guest house	차량 렌트
20day	키르	카라콜 → 스카즈카 협곡 → 콕자익 계곡	Ak-Kayin Guest house	
21day	키르	알틴아라샨 온천 지대 트레킹	Arashan Hostel	
22day	키르	알라콜 패스 트레킹(10H)	Karakol Sayak Hostel	

23day	키르	카라콜 → 사티 자유 투어	Algados Guest house	
24day	키르	카인디 호수 → 콜사이 호수 → 차른 캐니언	Almaty Guest house	차량 렌트
25day	키르	침블락 빙하	Reion Hotel	
26day	카자	알마티 자유 투어	Reion Hotel	
27day	카자	알마티 자유 투어	Reion Hotel	
28day	카자	알마티 자유 투어	Reion Hotel	
29day	카자	판필로프 거리 → 이식 쿠르간 박물관	Reion Hotel	
30day	카자	알마티 → 타슈켄트(매직 파크)	Friday old city Hotel	
31day	우즈	타슈켄트 자유 투어(타슈켄트 시티 파크)	Grand mir Hotel	
32day	우즈	타슈켄트 침간산, 차르박 호수	Grand mir Hotel	
33day	우즈	타슈켄트 → 인천 공항 22:15		귀국

화폐 단위
- 우즈백(UZS) 숨(약 12,600/1달러)
- 키르기(KGS) 솜(약 88/1달러)
- 타지키(TJS) - 소모니(약 11/1달러)
- 카자흐(KZT) - 텡게(약 450/1달러)

■ 기본 준비물 및 배낭에 넣을 것

1. 기본 준비물: 30L 백팩1, 10L 백팩1 or 접이식 보조 가방
- 10L 백팩에 넣을 것: 여권, 지갑, 핸드폰, 필기구, 긴바지1, 긴팔 셔츠1, 등산용 양말1, 모자, 등산화1, 슬리퍼1, 속옷 상하의 1세트

2. 배낭에 넣을 것
1) 중앙아시아 여행 가이드북 1권
2) 현지에서 유심을 넣어 사용할 여분의 공기계 핸드폰1, 충전기와 보조 배터리1
3) 긴 면바지2, 반바지1, 긴팔 셔츠2, 반팔 셔츠2, 양말3, 속옷 상하 2세트
4) 윈드 재킷1(파미르고원이나 알라콜 패스 여행 시 추위를 피하기 위한 필수 의류)
5) 초경량 패딩1(구다우리 전망대에 바람이 많아서 다운 패딩이 필요하고, 고산의 밤은 추움)
6) Face cover2, Cool Sleeves2(쿨 토시)
7) 코로나 처방 약 겸용 감기약(7일분), 대상 포진 처방 약1 & Famvir1, 입술 포진 연고1, 항생제 캡슐10, 태블릿 or 소형 노트북, 고산증 약 또는 소형 산소통
8) 3단 접이식 우산1(우산보다는 작은 우비가 좋음)
9) 초소형 전기면도기1(남성의 경우), 소형 랜턴1, 초소형 손톱깎이1,
10) 빨랫비누2, 세숫비누1, 칫솔2, 치약1(현지 조달 가능), 수면 압축 여행용 수건3

■ 알짜 정보 여행 Tip

1. 타슈켄트에서 대중교통 이용하기

1. 마르시루트카(Marshrutka)

중앙아시아에서 가장 많이 볼 수 있는 대중교통 수단으로 미니버스다. 21인승 버스로 중앙아시아 전역과 코카서스 국가에서 가장 보편적으로 이용되고 있으며 우즈베키스탄에서는 어느 지역을 가든 이 마르시루트카를 만날 수 있다. 요금은 2,400숨(한화 300원)이다.

2. 지하철

타슈켄트에는 4개 노선의 지하철이 있다. 이곳 지하철은 탁월한 내진 설계를 적용해서 만들어졌으며, 유명한 조각가와 화가 등이 참여하여 지하철 디자인을 구성했다고 한다. 요금은 어디를 가든 한 번 탈 때마다 2,000숨(한화 240원)을 지불하면 된다.

3. 시내버스

시내버스는 생생한 현지 체험을 하기에 아주 좋은 교통수단이다. 구글 맵이나 중앙아시아에서 많이 쓰는 앱 2GIS를 이용하면 버스별 소요 시간과 경로를 알 수 있어 편리하다. 기본요금은 지하철 요금과 같이 2,000숨이며 카드 사용이 주를 이루지만 버스 안에 차장이 있어 현금으로 이용도 가능하다.

4. 택시

택시는 일반 택시와 얀덱스 고 택시가 있다. 일반 택시는 흥정을 해야 하지만, 스마트폰에 얀덱스 고 앱을 설치한다면 얀덱스 고 택시를 이용할 수 있어 아주 편리하다. 20,000숨(한화 2,400원)이면 타슈켄트 시내 웬만한 곳에 다 갈 수 있다. 얀덱스 고 앱은 중앙아시아 어느 나라에서든 편리하게 택시를 탈 수 있는 시스템이다.

2. 우즈베키스탄 대표 슈퍼마켓 & 쇼핑몰

1. 까르진까(Korzinka)

우즈베키스탄 어느 지역을 가든 시내 곳곳에서 발견되는 슈퍼마켓이다. 까르진까 로고를 자세히 보면 카트 그림이 보이는데, 러시아어로 '카트'를 '까르진까'라고 한다. 우즈베크에서 생필품을 사기에 더할 나위 없이 편리한 곳이다. 재래시장보다는 비싸지만 비자나 마스터 카드로 결제가 가능해서 현금 없이도 이용할 수 있는 편리한 곳이다.

2. 마크로(Macro)

마크로는 까르진까와 함께 중앙아시아에서 유명한 또 하나의 슈퍼마켓이다. 체인 점수가 매년 증가하는 슈퍼마켓으로 내부 진열 방식이나 판매하는 물건들이 까르진까와 다를 게 없어 보이지만 자세히 보면 마크로에서만 판매하는 브랜드나 물품들도 있다. 무엇보다 24시간 운영하는 24/7 마크로 체인점이라 언제나 편리하게 이용할 수 있다.

3. 사마르칸트 다르보자(Samarquand darvoza)

타슈켄트 쇼핑몰 중 단연 크고 핫한 곳이다. 4층 규모의 작은 쇼핑센터지만 영화관, 키즈 카페, 볼링장, 대형 마트 등이 잘 갖추어져 있다. 피자나 치킨, 버거 등을 즐길 수 있는 곳이 많아서 평일, 주말 할 것 없이 가족 단위 방문객들과 젊은이들이 자주 찾는 장소다. The face shop이나 Nature Republic 같은 한국 화장품 매장도 입점해 있다.

4. 넥스트(Next)

넥스트는 사마르칸트 다르보자가 생기기 전까지는 타슈켄트에서 가장 잘나가던 쇼핑몰이었다. 규모는 작지만 현대식 건물이라 깨끗하고 쾌적하다. 대형 마트인 까르진까가 1층에 위치해 있고 오락실, 뷰티, 패션, 전자 제품 매장 등 다양하다.

3. 중앙아시아 여행 가이드

1. 이번 중앙아시아 4개국 여행을 하면서 우리는 중앙아시아 자유여행에 꼭 필요한 가이드 3명을 만났다. 이 중 한 명이 '아믹(Amix)'이다. 이곳 여행이 처음이라면 누구나 낯설다. 언어도 잘 통하지 않고 가고자 하는 장소도 생소하다. '아믹'은 한국에서 5년간 살다 와서 한국말에 능숙하다. 우즈베키스탄 여행에서부터 파미르고원 길 여행, 파미르고원 통행증, 국제 항공권 구입, 지프차와 자동차 렌트 등 많은 도움을 준 사람들이다. 두 명은 이후에 소개하겠다.

중앙아시아 여행의
길라잡이 '아믹'과 함께

※ 중앙아시아 여행이 처음이라면 길라잡이 '아믹'에게 물어보자.
T +998 997 431769

타슈켄트의 첫 숙소
Alliance Hotel 조식

※ Alliance Hotel Tashkent는 가성비 좋고 직원이 친절한 호텔이다. 부킹닷컴을 이용하자.

2. 타슈켄트에는 좋은 숙소가 많다. 이 중에서도 타슈켄트 여행에 위치와 가성비가 좋은 호텔을 추천하라고 한다면, 3, 4성급 호텔로 Alliance Hotel, 우즈베키스탄 호텔, Grand Mir Hotel을 들 수 있다. 이 호텔들은 방도 크고, 깨끗하며 특히 조식 메뉴가 다양해서 좋다.

3. 타슈켄트에는 Alliance Hotel 주변에 김삿갓, 가마솥, 마실 식당 등 한국 음식점이 많다. 타슈켄트에서 우리가 처음 간 한국 음식점은 그랜드 미나르 호텔 앞에 있는 '마실 식당'이다. 이곳은 음식의 종류도 다양하지만 기름기가 가득한 우즈베크 음식만 먹다 느끼하다는 느낌이 들 때 들르면 좋은 곳이다. 여행을 하면서 한국 음식이 생각날 때는 이곳에 들러서 한국 음식 한 그릇 먹어 보길 추천한다. 단 식비는 한국에서의 음식값보다 비싸다.

4. 누쿠스 공항 택시 잡기

1. 누쿠스 공항에 도착하면 많은 택시 기사들이 승객을 잡으려고 몰려든다. 아랄해에 다녀오기 위해서는 합승 택시를 이용해야 하는데 가격이 만만치 않다. 여기에도 한국인 가이드 무아마드 알리가 있다. 알리에게 부탁해서 택시 요금을 흥정해 보자. 보통 4인용 택시 한 대에 왕복 60만 솜 = 47.55달러(인당 15만 솜 = 약 12달러)이면 적정 가격이다.

2. 아랄해 해안선은 멀리 후퇴했기 때문에 무이나크(Muinaq, Moinak)라는 옛 아랄해 해변에 있던 항구 도시로 갔다. 그곳은 사막으로 변해 버린 항구에 버려진 녹슨 철선들이 그로테스크한 풍경을 연출하고, 사진작가들이 그 기괴한 풍경을 찍으려고 몰려드는 곳이다.

3. 누쿠스의 Saransha 버스 터미널에서 버스를 타고 무이나크에 다녀올 수도 있다. 하지만 시간이 너무 많이 걸린다.
그리고 누쿠스에는 Sonata라는 한국 음식점이 있다.

5. 합승 택시로 누쿠스에서 히바 가기

누쿠스에서 히바로 가는 택시는 400,000숨을 요구한다. 흥정을 잘하면 택시 한 대에 350,000숨으로 가능하다. 4인이 택시 한 대에 탄다면, 1인 87,500숨 = 약 7달러다.

6. 히바 오리엔트 스타 호텔(Orient Star Hotel)

　히바 오리엔트 스타 호텔(Orient Star Hotel)은 옛 이슬람 신학교를 개조한 고급지고 고풍스러운 호텔이다. 히바 성내 그린 미나렛(Green Minaret) 뒤편에 있다. 히바를 여행한다면 꼭 이용해 보길 권한다.

7. 히바에서 부하라까지 가는 방법

1. 부하라행 기차 타기

　히바에도 기차역에 가면 부하라행 기차가 있다. 티켓은 전날 미리 예매할 것을 권한다. 우리는 여행 정보가 부족해서 우르겐치역에서 기차를 탔기 때문에 많은 고생을 해야 했다.

2. 기차표 읽는 법

769 기차번호, 17. 07. 14:34 출발날짜, 출발시간 06 C 플렛폼 번호, 01 티켓 수량
MECTR 032 좌석 번호, 33M426K3213/WI/=J=- 여권번호
17. 07. 8. 16:17 도착일, 도착시간

3. Devon Begi Heritage Hotel

부하라 Devon Begi Heritage Hotel은 멋진 곳이다. 내부 장식이 이국적이고 세련미가 있다. 부하라 관광지의 중심지 리아비 하우즈(Lyabi Khause, by the Pond) 연못에서 멀지 않다. Twin Room 1박에 22불이다.

4. 부하라를 즐기는 방법

부하라의 역사적인 구시가지인 아르크(Ark)에 머문다. 부하라의 대표적인 건축물 중 하나인 칼란 미나렛(Kalyan Minaret)과 칼란 모스크(Kalyan Mosque)를 보고 저녁엔 부하라의 전통적인 시장인 리아비 하우즈(Lyabi Khause)를 돌아다니며 현지 음식과 공예품을 즐긴다. 부하라의 역사적인 유적지인 이사카트 민자르(Isakat Mausoleum)와 초르 미노르(Chor Minor)를 방문하고 부하라의 오래된 동네인 샤히진다(Shah-i-Zinda)를 돌아다니며 아름다운 타일 장식과 무덤들을 감상한다. 부하라의 유명한 시탄(Siytan) 시장과 나디르 디반 베기(Nadir Divan-begi) 천문대에 간다.

5. 히바에서 부하라 가는 방법

1) 히바 서문 앞 광장에서 합승 택시를 타고 부하라 리아비 하우즈로 간다. 택시 한 대 700,000숨(약 56불/1인당 14불)이다. 얀덱스 고 택시로 857,500숨 정도 나오니, 700,000숨도 비싼 차비는 아니다.
2) 히바성 북문에서 Tramvay(트램)을 타고 Urgench(우르겐치)로 간 다음, 부하라까지 합승 택시를 탄다. 우르겐치로 간 다음, 부하라행 기차편을 알아본다.

3) 히바 기차역에 가서, 부하라까지의 기차표를 예약한다.

부하라의 리아비 하우즈는 연못이 있는 부하라 관광의 중심지다. 히바에서 부하라 숙소 초르 미노르 호스텔까지는 430km다.

※ 우즈베키스탄 기차표 예약 사이트 https://eticket.railway.uz/
※ 카자흐스탄 철도청 https://railways.kz/

8. 사마르칸트 1일 투어

1. 관람 순서 및 입장료

구르 아미르 영묘(40,000숨) → 레기스탄(65,000숨) → 비비하눔(40,000숨) → 시욥 바자르(점심) → 아프로시압 박물관(40,000숨) → 울루그 베그 천문대(40,000숨) → 사히진다 공동묘지(40,000숨) → 코니길 제지 공방(15,000숨)

2. 투어 버스 및 국경 가는 버스 대절
1) 사마르칸트 1일 투어 차량 스타렉스 대절 시: 100달러(아침 9시부터 저녁 6시까지), 한국어 가이드비: 100달러, 200달러÷4명=50달러(1인).
2) 타지키스탄 국경까지 스타렉스 대절 시: 60달러÷4명=15달러(1인).

3. 사마르칸트 닭볶음탕: 한국에서 일하다 돌아온 젊은이가 운영하는 식당인데 제법 맛있다.

(1인 7,000~8,000원 정도) Grand Nur Sultan Hotel & Restaurant

9. 이슬람 성지 복장은 얌전하게

1. 이슬람 성지를 방문할 때는 반드시 긴바지와 긴소매가 달린 옷을 착용하자. 반바지나 민소매 차림으로는 이곳의 입장이 금지되어 있다.

2. 사마르칸트 추천 호텔
1) Imran & Bek: 레기스탄 광장 왼쪽 도보 5~7분 거리에 있는 숙소로 주인이 아주 친절하고 부부와 세 아이가 함께 운영하는 게스트 하우스다. 또한 주인이 한국어를 자유롭게 구사하며 조식이 포함되어 있는데, 아주 맛있고 방도 아늑하고 깨끗해서 좋다. 요금은 2인 1실 40~55달러다.
2) Niso Hotel: 레기스탄 광장 뒤쪽 도보 10분 거리에 있는 아주 깨끗하고 요금이 저렴한 숙소다. 호텔 바로 앞에 '샤슬릭우즈'라는 레스토랑이 있어서 음식점을 이용하기에도 편리하다. 요금은 2인 1실 30~45달러다.

10. 타지키스탄 국경

1. 타지키스탄 VISA는 free다. 국경사무소에선 여권에 입국 스탬프를 찍어 준다. 타지키스탄 국경사무소를 나가면, 택시 기사들이 몰려든다. 국경에서 합승 택시를 타고, 수도인 두샨베까지 간다. 동행하는 현지인 아믹(Amik)이 타지크계이기 때문에 타지크어로 택시 가격 협상을 했다.

2. 여권의 인적 사항란 사진과 타지키스탄 입국 스탬프가 찍힌 여권 페이지는 파미르고원 길 통행 허가증인 GBAO 퍼밋를 발급받을 때 필요하다. 두샨베의 여행사가 대행해 준다. 가이드 아믹에게 부탁해 보자.

3. 국경에서 두샨베까지 택시비와 기타 경비는 달러로 지불할 수 있다. 파미르고원에서 6일간 여행하기 위해선 숙박, 교통비, 식사비 포함 1인 150달러 정도 현지 화폐가 필요하다. 국경사무소를 통과하면 바로 왼쪽에 환전소가 있다. 여기가 환율이 가장 좋다. 파미르고원 길 숙소에서는 주로 현지 화폐로 받고 간혹 달러를 받기도 한다. 전날 석식과 다음 날 조식 포함 약 20~25달러다.

4. 파미르고원 길에서 한국 로밍폰은 네트워크 연결이 안 될 수 있으니, 필요하면 두샨베에서 현지 유심을 구입하는 것이 좋다. 이때 공기계가 있으면 좋다.

5. 두샨베의 메인 도로는 Rudaki Avenue(루다키)路와 Hafiz Sherozi Avenue(하피즈 쉐로지)路다. 저녁 선선할 때쯤 루다키로를 걷고, 길가 레스토랑에서 저녁 식사도 추천한다.

11. 파미르고원 KYZYL-ART PASS & BORDER(키질아트 국경)

매우 아름다운 장소에 있는 국경이지만, 타지키스탄에서 키르기스스탄으로 넘어갈 때 현재 시점 택시가 사전에 준비되어 있어야 한다. 제 3국인 여행자는 키르기스스탄의 입국 허가 목록에 이름이 있으면, 도보로도 통과할 수 있지만, 타지키스탄 국경에서 키르기스스탄 국경까지, 키르기스스탄 국경에서 사리 타시(Sary-Tash)까지는 각각 20km 이상 떨어져 있다. 사리 타시에 도착할 때까지 택시를 부를 수가 없다. 텐트가 없으면 도보로 국경 넘기는 어렵다.

12. 파미르고원 두샨베에서 히소르(Hisor) 가는 방법

1. 힐튼 호텔 건너편에서 8번 버스를 타고(3소모니) 히소르 택시 정류소에서 내려 마르카슈를 타고(5소모니) 종점까지 간다.

2. 버스 종점에서 택시를 타고(4소모니) 히소르성에 도착하기 위해선 총 12소모니가 필요하다. 히소르 입장료는 10소모니다.

13. 파미르고원 길 여행

1. 랑가르(Langar)

랑가르(Langar)를 구글 지도에서 검색하면, 처음 나오는 랑가르는 파미르고원 길에서 가는 랑가르가 아니다. 아프가니스탄 랑가르도 아니다. 여기서 랑가르는 파미르고원 길 남부 와칸밸리의 작은 시골 동네다.

2. 추위 대비 윈드자캣과 경량 패딩을 준비하자.

고산 지대에서는 유르트(Yurt)에서 보내야 한다. 7월 말 8월 초에도 고산의 밤은 꽤 춥다. 윈드 자켓 안에 초경량 다운 패딩을 입고 자야 할 경우가 있다.

3. 고산증 대비
1) 고산증은 해발 2,500m 정도에서 증세가 나타나기도 하고, 4,000m 이상에서도 별 증세 없이 지나가는 경우도 있다. 고산증은 고도도 중요하지만 환경 요소도 아주 중요하다. 그날 체력 소모에 따라 달리 나타날 수 있다. 따라서 고산에서는 되도록 몸을 심하게 움직이지 않는 것이 좋다.
2) 사용해 본 약물의 효과 〈비아그라, 다이아목스, 타이레놀〉
① 비아그라(혈관확장제) - 별 효과 없다.
② 다이아목스(이뇨제) - 두통 완화와 붓기 빠짐에 효과가 있다.
③ 타이레놀(진통제) - 효과는 있으나 몸의 위험 순간을 감지하지 못하므로 저지대로 하산 시가 아니면 되도록 사용하지 말아야 한다.
3) 고소증에 대비해 준비할 약물
① 아세타졸(5일분): 근처 병원 내과에서 고산 지역에 간다고 하고 처방받으면 된다.
② 타이레놀 - 고산증의 두통 완화, 가벼운 몸살, 근육통에 효과가 있다.
4) 캔산소(Can O2)

고소증이 왔을 때 가볍게 마시는 산소 오투스타일(O2style) 휴대용 산소 공급기다. 구입 시에는 가격보다 용량을 잘 살펴야 한다. 820ml에서 181(94cc)ml 압축 액체 산소까지 다양하다. 쿠팡에서 판매한다.

오투코리아 제품을 추천한다. 12L와 18L가 있는데, 조금 비싸도 18L 가 가성비도 좋고 크기도 작아서 휴대하기가 좋다. 비행기 탑승 시엔 반드시 위탁 수하물에 넣어야 한다.

5) 고산 지역에서는 몸을 따뜻하게 해야 한다. 따라서 샤워나 머리 감기는 금물이다. 물티슈로 닦고 저지대로 내려갈 때까지 참는 것이 좋다. 참고로 보온을 위해 겨울용 넥워머와 비니(빵모자), 내복 하의, 필파워 좋은 얇은 구스 패딩을 준비하는 것도 좋은 방법이다.

6) 중앙아시아 여행에서 고산증에 신경 써야 할 곳은 파미르 구간 무르갑(해발 3,600m). 레닌봉 베이스캠프(해발 3,500m). 알틴아라샨 유르트(약 3,500m) 정도다. 대부분 차량으로 이동하기 때문에 낮에는 거의 고산증이 나타나지 않다가, 기압이 떨어지는 밤에 나타나기 때문에 따뜻한 보온은 필수다. 작은 물통을 준비하면 좋겠지만 실상은 어렵기 때문에 핫 팩을 가져가면 많은 도움이 된다.

14. 키르기스스탄 여행

1. 여행의 길잡이 졸도쉬(길동무)

중앙아시아 여행에서 키르기스스탄을 여행할 때 꼭 필요한 두 번째 여행 가이드는 졸도쉬다. 키르기스스탄에서 마슈르트카(Marshrutka) 와 스타렉스를 가지고 여행사를 운영한다. 외국인 세계 한국어 경연 대회에서 1등을 수상한 탁월한 한국어 실력으로 한국에서 5년을 일하며 많은 돈을 벌었으며, 2남 2녀를 둔 40대 가장이다. 키르기스스탄 여행을 할 때 이 친구에게 부탁하면 많은 정보와 도움을 얻을 수 있었다.

우리의 키르기스스탄 여행을 위해 비슈케크에서 카라콜까지 2박 3일 동안 안내해 준 아주 친절한 한국어 여행 가이드이기도 하다.

키르기스탄 여행의
길라잡이 '졸도쉬'

비슈케크의 숙소
Koisha Hotel

※ 키르기스스탄 여행에 정보가 필요하거나 차량을 대절하고 싶다면 '졸도쉬'에게 물어보자.
T. +996 773 888 123

※ Koisha Hotel은 가성비 좋고 직원이 친절하며 오시 바자르가 가까운 시내 중심에 있는 호텔이다. 부킹닷컴을 이용하자.

2. 악수까지 차량 대절

송쿨 호수 1박, 송쿨 호수 → 바르스콘 1박, 바르스콘 → 악수 1박

비슈케크(Bishkek) → 송쿨 호수(Songkol lake) 1박 → 바르스콘(Barskoon) 1박 → 악수(Aksuu) 2박 3일간 교통비: 마슈르트카(Marshrutka) 차량 대절 시, 1일 210달러, 스타렉스 대절 시 1대 1일 100달러

3. 알라콜 호수 트레킹: 배낭 무게를 최소화하자.

키르기스스탄 악수(Aksuu)에서 알틴아라샨(Altyn Arashan) 캠프촌까지 비포장 12km 산길을 각자 배낭을 메고 10시간 정도 걸어야 한다. 배낭의 무게를 최소화하는 것이 좋다.

15. 카라콜에서 알마티 가기

1. 알마티는 비슈케크와 카라콜의 중간쯤에 위치해 있다. 카라콜에서 알마티까지는 가능하면 자동차를 렌트해서 이동하자. 렌트 없이 이동하고자 한다면 카라콜 → 비슈케크(6~8시간) → 알마티(6~8시간)로 돌아가는 경로를 이용해 마슈로카나 국제 버스를 타야 한다. 하지만 자동차를 렌트해서 카라콜에서 알마티로 바로 간다면 이동 시간을 절반 이상 줄일 수 있고. 키르기스스탄과 카자흐스탄의 국경 카르카라(Karkara)를 통과하면 얼마 안 가서 카자흐스탄의 관광 명소인 콜사이 호수 국립 공원이 있는 사티(Saty)가 있기 때문에 경제적으로도 많은 도움이 된다.

2. 케겐에서 차를 렌트하거나 택시를 대절할 경우, 가는 길에 자연 관광 명소를 둘러볼 수 있다. 카자흐스탄 원데이 투어로 카인디 호수 → 콜사이 호수 → 블랙 캐니언 → 차른 캐니언을 돌아보는 코스가 있는데, 차른 캐니언은 카라콜에서 훨씬 가깝다.

3. 이곳 관광 명소를 둘러보기 위해서는 사티에 숙소를 정하자. 사티에서 하루를 머무르면서 자연 관광 명소를 둘러보고, 다음 날 블랙 캐니언과 차른 캐니언을 둘러보자. 만약 차른 캐니언을 제대로 관광하고 싶다면 아침 일찍 방문하거나, 전날 그곳에 숙소를 정하는 것도 좋다.

4. 콜사이 호수는 조금 돌아가는 경로여서 추가 요금이 있다. 카인디 호수는 일반 승용차나 승합차로 이동할 수 없어, 내려서 지프차나 이곳

에서 운행하는 러시아제 승합차 푸르공을 타고 가야 한다. 차량 한 대에 1만 5천 텡게(한화 4만 1천 원)다.

5. 차른 캐니언만 둘러보는 경우 추가 요금이 없기 때문에 혼자 이동해도 경유하기가 좋다. 4명 이상이 이동한다면 반드시 승합 차량을 렌트하자. 차량이 넓어서도 좋지만 콜사이 호수까지 함께 여행할 수도 있고, 여행 경비나 시간을 많이 줄일 수 있다. 가능하면 차량을 렌트해서 여행하길 권한다.

6. 카라콜에서 알마티까지 택시를 대절할 경우, 국경을 넘어가야 하기 때문에 두 나라의 운전면허증이 모두 있어야 하고, 가격도 엄청 비싸다. 하지만 케겐을 경유하면 가격이 많이 절감된다. 카라콜에서 국경까지 3,000~4,000솜의 택시 요금이 필요하다(외국인의 경우 5,000솜으로 동결해서 부르지만, 카라콜 시내에서 얀덱스 기사와 흥정하면 된다. Al-Tilek 버스 정류장에서 버스를 타도 된다). 이동시간은 카라콜에서 국경까지 2시간쯤 소요된다.

7. 케겐에서 알마티까지는 합승할 경우 인당 3,000~5,000텡게다. 택시를 대절할 경우 차당 2만~2만 5천 텡게, 차른 캐니언과 콜사이 호수를 경유한다면, 차당 5만~5만 5천 텡게면 갈 수 있다. 4명 이상이라면 졸도쉬에게 부탁해서 승합차를 미리 렌트하자. 하루에 차량 한 대에 100달러(주유비 별도)면 가능하다.

8. 국경에서 케겐까지는 5,000텡게다. 국경검문소 직원들이 차로 데려

다준다. 카자흐스탄 검문소에서 직원들에게 말하면 된다. 얀덱스 고 택시는 불러지지 않는다.

9. 카르카라(Karkara) 검문소는 성수기(5~10월)에만 운영한다. 키르기스스탄 측은 9~17시, 카자흐스탄 측은 7~17시까지 운영하니 국경 통과 시간에 신경을 써야 한다. 국경 간 거리가 매우 가깝고, 걸어서 검문을 받으면 되기 때문에 통과 시간도 신속하다.

10. 카라콜이나 케겐에서는 ATM기와 은행이 있어 돈을 뽑아 쓸 수 있다. 카라콜과 케겐 사이에는 환전이 가능한 곳이 없기 때문에 이곳에서 환전을 해야 한다. 트래블월렛을 사용하면 수수료 없이 출금할 수 있다. 중앙아시아 여행에서 가장 불편한 것이 환전이다. 국경을 지나기 전에는 반드시 남은 돈을 환전하자. 국경 지역에선 가끔 두 나라 화폐가 통용되는 경우도 있지만 매우 비싼 환율을 경험해야 한다.

16. 마나스 공항에서 비슈케크 시내버스 요금

1. 비슈케크 시내로 가는 공항버스(153번 버스)비는 교통 카드로는 1인 122솜, 현금은 140솜이다. 얀덱스 고 택시를 4명이 타고 가도 요금은 비슷하게 나온다. 마나스 공항에서 버스나 얀덱스 고 택시를 타고 숙소로 가서 짐을 맡기고 비슈케크 시내 알라투 광장, 승리의 광장, 박물관 등을 구경하고, 한국 음식점 경복궁에서 점심을 먹고 코이샤

호텔 체크인(12~14시)을 하면 된다.

2. 송쿨 호수 유르타

송쿨 호수변의 Ali Nur Yurt Camp 숙소는 유르타(천막집)다. 부킹닷컴에서 예약이 가능하고 요금은 1인 1박 30달러이다. 요금에 석식과 조식이 포함된다.

17. 비슈케크에서 알마티 가는 방법

1. 국제 버스 예약하기

비슈케크 ZAPADNY(자파드니) 서부 버스 터미널에서 알마티 SAY-RAN(사이란) 버스 터미널로 가는 국제 버스를 예약해야 한다. 1인 630솜(30솜은 수수료). 차표 예약 시 여권이 필요하다. 되도록이면 일찍 할수록 좋다. 7번 버스가 서부 터미널로 간다. 알마티로 가는 버스는 오전 8시부터 2시간마다 있다. 막차는 오후 4시에 출발한다. 버스는 11번 플랫폼에서 탄다. 비슈케크 서부 버스 터미널에서 타슈켄트로 가는 국제 버스도 있다.

2. 버스가 국경에 도착하면 버스에서 짐을 내려서 메고 걸어간다. 카자흐스탄 쪽에 도착하면 경비원에게 외국 여권을 받는 사람이 누구인지 물어보자. 모든 사람에게 여권을 받는 것이 아니기 때문이다.
반대편에서 버스는 주유소 뒤의 버스 주차장에 주차한다. 게이트에서 바로 오른쪽으로 나가 도로를 건너 다시 돌아가자. 국경에서 바로 가는 도로, 버스 주차장은 오른쪽에 있다. 버스가 키르기스 쪽에 있는 버스와 다를 수 있으니 창문에 있는 버스 번호를 확인하자.

3. 알마티의 버스 정류장 'SAYRAN'은 도시 서쪽에 있으므로 호텔/호스텔 등으로 갈 때 택시를 타야 한다. 버스 정류장 안에 있는 ATM에서 현금을 인출할 수도 있다. 도로 건너편 전화 매장에서 SIM 카드를 구입할 수 있다. 비용은 6,000텡게다. 얀덱스 고 택시를 타고 숙소로 이동하면 요금은 1,400텡게다.

18. 비슈케크에서 송쿨 호수 가기

1. 비슈케크(Bishkek) → 톡마크(Tokmok) → 카라콜(Karakol) → 송쿨 호수(Songkul lake)

2. 카라콜에서 비슈케크로 갈 때, 대중교통(버스)을 이용할 경우 부라나 타워를 방문할 수가 없기 때문에 비슈케크에서 송쿨 호수를 갈 때 톡마크에서 15km 떨어진 부라나 타워를 들렀다 가면 좋다.

19. 침블락(쉼블락) 여행하기

침블락(쉼블락)은 톈산산맥의 메데우(Medeu) 협곡 상부에 위치한 중앙아시아 최대 규모의 스키장이다. 11월부터 5월까지는 많은 양의 눈을 볼 수 있다. 스키장을 이용하지 않아도 케이블카를 타고 꼭대기까지 올라가 볼 수 있다.

1) 준비물
① 따뜻한 옷 - 산꼭대기는 쌀쌀하다.
② 선글라스 - 눈에 반사된 햇살이 정말 따갑다.

2) 가는 법
① 알마티 시내에서 12번 버스를 타면 약 40분에서 1시간 정도 걸린다. 버스비는 80텡게(한화 200원)다.
② Shymbulak Mountain Resort에서 하차하면 바로 케이블카 승강장이 있다.
③ 케이블카 탑승 티켓 구입비는 1인당 5,000텡게다.
④ 케이블카를 타고 두 번 갈아타면 해발 3,200m까지 올라간다.

20. 카자흐스탄에서 택시를 탈 때는 반드시 잔돈을 준비하자.

알마티에서는 택시 탈 때 반드시 잔돈을 준비하자. 택시 기사들이 잔돈을 준비하지 않고 통째로 가져가려고 하는 경향이 많다. 우즈베크, 타지키스탄, 키르기스스탄에서는 잔돈이 없을 경우 슈퍼에서 잔돈을 바꿔다 주는 편이지만, 카자흐스탄에서는 잔돈을 안 주는 경향이 많다.

21. 트래블 카드는 마스터와 비자 카드, 두 개 모두 준비하자.

우즈베크에서는 마스터 카드와 비자 카드를 동시에 사용할 수 있지만, 나머지 3개국에서는 비자 카드만을 사용할 수 있다. 수수료 없이 사용할 수 있는 여행용 카드를 준비할 때는 반드시 둘 다 준비하자.

22. 중앙아시아 전문 여행 현지 여행사 코아투어(Kortour)

타슈켄트에는 중앙아시아 여행의 메카이자 우즈베키스탄 전문 여행사 코아투어(KORTOUR)가 있다. 이 여행사는 서울과 타슈켄트에 사무실이 있는데, 우즈베키스탄과 한국을 잇는 징검다리 전문 여행사로서 다양한 서비스를 제공하고 있다. 고대 실크로드의 유적 답사를 통한 역사 투어, 타슈켄트 레이크사이드 C.C에서의 골프 투어, 지자체 국제 교류나 국제회의, 포상 휴가를 위한 힐링 여행, 각종 박람회나 세미나를 위한 대규모 마이스(MICE) 투어, 해외 봉사단이나 각종 공연 개최 코디를 위한 문화 투어, 기업의 진출이나 교포들의 왕래를 위한 생활 투어까지 우즈베키스탄의 핵심 정보를 망라하여 모든 정보를 제공하고 있다. 짧은 중앙아시아 패키지여행이나, 장기간 자유여행을 위한 팁과 여행 정보를 얻고 싶으신 사람은 코아투어 신현권 대표와의 소통을 강추한다.

※ 서울 사무소: 서울시 중구 을지로 254, 511호(타임캐슬 오피스텔)
T. 02-2277-8113, Fax 02-2278-8113

※ 타슈켄트 사무소: 2 Avliyoota Street, Tashukent, Uzbekistan
T. +998 90 352 8113, +998 90 991 8113

**'코아투어' 여행사
신현권 대표와 함께**

**중앙아시아 여행의
전문 여행사 '코아투어'**

※ 중앙아시아 여행 정보가 필요하다면 코아투어 신현권 대표에게 연락해 보자. 왼쪽 두 번째가 신현권 대표.
T. 010 3720 8113

※ 코아투어 여행사는 중앙아시아 전문 여행사이며 미라바드 바자르 주변에 있어서 우즈베키스탄뿐 아니라 중앙아시아 여행에 많은 도움이 된다.

독자 리뷰

'나가본 사람이 또 나가고 싶어 한다.'는 말처럼, 주기적으로 새로운 공간과 경험을 찾아 돌아다니길 좋아하는 1인이다. 올해 방문이 예정되어 있던 한 나라의 정보를 찾다가 신간인 이 책이 눈에 띄었다. '중앙아시아'는 아직 나의 해외여행 리스트에 없는 곳이라, 왈칵 구미가 당기진 않았지만, 책 표지 앞쪽의 설산과 뒷표지의 나태주 님의 추천사 일부가 나를 여행자 모드로 바꾸었다.

〈차례〉에 나와 있는 세부 목차가 참 친절하다.

33일에 걸친 중앙아시아 4개국 여행을 하루 단위로 방문 지역을 구분해 놓아, 어디를 먼저 보아도 흥미롭고, 그래서 옆 동네는 어떤가 싶어 다른 곳도 기웃하게 만든다.

이미 나와 있는 중앙아시아 여행 책들이 대부분 우즈베키스탄, 키르기스스탄, 카자흐스탄 3국을 주로 다루고 있는데, 이 책엔 타지키스탄이라는 나라도 들어 있어, 이 이름을 처음 본지라 이곳으로 첫발을 들여놓았다. 이곳이 왜 생소한 이름이 되어 있는지는 몇 줄 읽고 금세 알 수 있었다. 행간에서 여행하기 까다로운 이 나라를 두 발로 경험하고 나온 저자의 도전 정신과 용기, 준비성, 현장 친화적인 여행자의 자세 등을 읽었다. 여행이 가져다주는 여러 변화 중 '인식의 확장'과 다양한 문화의 '수용'을, 저자는 현지인의 집을 방문하는 기회를 많이 가지는 데서 시작하는 듯하다. 낯선 이들의 '환대'를 받은 저자의 재주가 부럽기도 했다.

　부록처럼 붙어 있는 '도움이 되는 기본 정보'와 33일간의 여행 일정표는 저자가 해외여행을 자유여행으로 많이 다녀왔다는 걸 짐작할 수 있게 했다. 책의 제목 앞에 '두 발로-'라는 말을 붙이기에 부족함이 없어 보인다.

　부록 앞에, 본문의 마지막 페이지를 장식한 저자의 사진과 그 위에 핀 '사람은 모두가 꽃이다'라는 문장이 여행 마무리의 장식 페이지로 무척 잘 어울렸다.

　읽은 게 기억나지 않아도 걱정할 필요가 없을 듯하다. 25,000원 주고 친절하고 자상한 여행가이드 한 사람을 빌린 듯한 느낌. 해외여행에 짐을 최소화하는 게 나의 지론이지만, 중앙아시아를 여행할 때, 캐리어에 이 책이 들어갈 자리를 마련해야겠다. 대신 무엇을 빼는 게 좋을지 새로운 고민을 해 본다.

2025. 5. 10.
김형숙